철학
콘서트,
장자

철학 콘서트, 장자
(10대, 장자에게 길을 묻다)
[교실밖 교과서®] 시리즈 NO.15

지은이 ㅣ 박기복
발행인 ㅣ 김경아

2015년 6월 29일 1판 1쇄 발행
2015년 12월 16일 1판 2쇄 발행

이 책을 만든 사람들
책임 기획 ㅣ 김경아
북 디자인 ㅣ 김효정
교정 ㅣ 좋은글
경영 지원 ㅣ 홍종남

이 책을 함께 만든 사람들
종이 ㅣ 제이피씨 정동수
제작 및 인쇄 ㅣ 다오기획 김대식
베타테스터 ㅣ 김재호, 오석정

{행복한콘텐츠그룹} 출판 서포터즈
김미라, 김미숙, 김수연, 김은진, 김현숙, 박기복, 박민경, 박현숙, 변원미, 송래은
오석정, 오주영, 윤진희, 이승연, 이인경, 이혜승, 임혜영, 정인숙, 조동림, 조은정

펴낸곳 ㅣ 행복한나무
출판등록 ㅣ 2007년 3월 7일. 제 2007-5호
주소 ㅣ 경기도 남양주시 도농로 34, 부영e그린타운 301동 301호(도농동)
전화 ㅣ 02) 322-3856 팩스 ㅣ 02) 322-3857
홈페이지 ㅣ www.ihappytree.com
도서 문의(출판사 e-mail) ㅣ e21chope@daum.net
내용 문의(지은이 e-mail) ㅣ yesreading@gmail.com
※ 이 책을 읽다가 궁금한 점이 있을 때는 지은이 e-mail을 이용해주세요.

ⓒ 박기복, 2015
ISBN 978-89-93460-64-3
"행복한나무" 도서번호 : 075

10대, 장자에게 길을 묻다

철학 콘서트, 장자

박기복 지음

장자, 공부와 인생을 위한 내비게이션

예전에는 종종 길을 걷다가 "도(道)를 아십니까?" 하고 물으며 붙잡는 사람을 만났습니다. 도(道)는 우리말로 길입니다. 길을 걷는데 길(道)을 아느냐고 물으니 황당했습니다. 내가 갈 길이야 내가 아는데 '길(道)을 아냐'고 묻다니요. 그런데 가만히 한 번 생각해보세요. 나는 내가 가야 할 길(道)을 제대로 알까요? 내가 갈 길(道)을 제대로 아는 사람이 얼마나 될까요? 고백하건대 저도 제가 가야할 길(道)을 모를 때가 많습니다.

문학작품에서는 종종 삶을 길로 표현합니다. 길을 가듯이 인생을 살아가기 때문이겠죠. 인생을 살아가는 길이 고속도로와 같으면 좋으련만 인생길은 굴곡 많은 골목길입니다. 수없이 많은 갈림길을 만나고, 가파른 길을 가야합니다. 갈림길마다 포기와 도전 사이에서 숱하게 망설입니다. 내가 선택한 길이 맞는 걸까? 이렇게 괴롭고 힘든데 그냥 포기하는 게 낫지 않을까? 내 삶은 과연 바른 길로 가는 것일까?

선택의 순간마다 내비게이션 아가씨가 나와서 오른쪽으로 가라 왼쪽으로 가라, 빨리 가라 천천히 가라 해주면 좋은데 인생길에서는 내비게이션 아가씨도 없습니다. 내비게이션도 없는 인생길에서, 아직 인생을 제대로 알지도 못하는 나이임에도 10대들은 인생에서 가장 중요한 선택을 내려야 합니다. 정보도 부족하고 철학도 불분명한데 인생이 걸린 결정을 내려야 하기에 10대는 괴롭고 답답합니다.

부모라고 다르지 않습니다. 자녀에게 이 길을 가라고 밀어붙이기도 하지만 과연 밀어붙이는 길이 올바른지 부모 스스로도 확신이 없습니다. 부모도 자신의 삶이 바른 길로 가는지 가끔 헷갈립니다. 자신의 길도 확신하지 못하는 부모가 자녀의 길을 안내하려고 욕심을 부리니 무리수가 따르고, 갈등이 생깁니다.

장자로 풀어내는 십대의 고민

철학은 내비게이션입니다. 인생의 갈림길에서 올바른 판단을 내리기 위한 내비게이션이 철학입니다. 『장자』는 아주 성능 좋은 인생 내비게이션 중 하나입니다. 특히 장자는 현대인들이 태양처럼 떠받드는 믿음과 선택 기준을 정면으로 비판하고, 독특한 관점에서 인생의 가치를 제시합니다. 무엇보다 장자라는 인물은 굉장히 매력이 넘칩니다. 최고 권력자가 소 잡는 백정에게서 인생을 배우고, 수레를 만드는 목수가 왕의 잘못을 대놓고 지적하고, 권력도 부도 없는 이들을 대붕에 견주고, 왕과 부자들을 참새에 견줍니다. 장자를 흔히 자연 속에서 느긋하게 지내라는 주장을 하는 이로 오해했다면 잘못 만난 것입니다. 장자는 부드러우면서도 당당합니다. 권력의 눈치를 보고, 제도에 짓눌리고, 돈에 치이며 사는 현대인들에게 장자의 당당함과 여유로움은 색다른 매력으로 다가올 것입니다.

이 책은 10대의 고민을 장자의 가르침으로 답해주는 방식으로 구성했습니다. 10대의 사소한 고민에서 인생이 걸린 고민까지 장자철학의 관점에서 답변했습니다. 그래서 이 책은 10대에게 직접 도움이 되는 책이기도 하지만, 자녀의 고민이 무엇인지, 자녀에게 어떤 도움을 주어야 할지 확신하지 못하는 부모들도 함께 읽어야 할 책입니다. 부모와 자녀가 함께 이 책을 읽으면 자녀의 고민도 해결되겠지만, 부모가 인생길에서 마주한 고민에 대한 해결책도 덩달아 나오리라 봅니다. 가족이 함께 읽으며 성능 좋은 '인생길 내비게이션' 하나를 장만하시기 바랍니다.

장자는 논술을 위한 기초 교양

『장자』는 학생들에게 필독서입니다. 대입논술 제시문에 중국 고전 철학이 많이 나오는데, 그 중에서 가장 많이 활용되는 고전이 바로 『장자』입니다. 『장자』에 등장하는 이야기는 언뜻 보기에는 쉽지만 담긴 뜻은 심오합니다. 그래서 많은 학생들이 대입논술에 실린 『장자』를 접하면 쉬운 듯 쉽지 않은 이야기에 당황합니다. 꼭 제시문으로 『장자』가 실리지 않더라도 장자철학이 다루는 주제는 대입논술에 많이 등장합니다. 그래서 『장자』를 알면 대입논술의 어려움이 훨씬 줄어들 것입니다.

『장자』를 원문으로 보거나, 어른들을 위한 『장자』를 읽으면 10대 뿐 아니라 어른들도 이해하기 까다롭습니다. 청소년을 위해 나온 『장자』는 전체를 다루지 않고 일부만 발췌하는 형식이어서 장자철학을 온전히 이해하기에는 부족합니다. 이 책은 10대 청소년의 눈높이에 맞춰 쓴 장자철학 책으로 33편의 장자철학을 모두 다뤘습니다. (물론 모든 지문을 소개하지는 않았고, 모두 소개할 필요도 없습니다.) 이 책으로 『장자』를 먼저 만난 다음 대입논술에서 『장자』를 다시 만나거나, 장자철학이 다룬 주제를 접한다면 자신감과 여유가 생길 것입니다.

철학이라고 하니까 지레 짐작으로 어려울 거라고 여기지 마세요. 제가 예전에 썼던 책 『철학은 엄마(선생님)보다 힘이 쎄다』에서 밝혔듯 이 철학은 쉽고 재밌으면서도 생활에 도움이 됩니다. 생활과 배움은 둘이 아니라 하나입니다. 고민도 해결하고 멋진 장자철학도 익히시기 바랍니다. 부모와 자녀가 거실에 앉아 이 책을 함께 읽으며 대화를 나누는 행복한 장면을 상상해봅니다.

메마른 대지를 적시는
단비와 같은 삶을 꿈꾸며

時雨

차례

|프롤로그| 장자, 공부와 인생을 위한 내비게이션　　4

1부. 만물은 하나다 : 장자 내편(內篇)

01　미래가 불안해요　　15
큰 인물을 꿈꾸면 불안하지 않다 : **소요유**逍遙遊

02　억울해서 참을 수 없어요　　27
상대적 관점이 억울함을 풀어 준다 : **제물론**齊物論

03　친구와 화해하고 싶어요　　41
억지를 버리고 자연스러움을 택한다 : **양생주**養生主

04　공부만 하라는 부모님이 원망스러워요　　50
남의 뜻이 아닌 나의 뜻으로 산다 : **인간세**人間世

05　저는 키도 작고 얼굴도 못생겼어요　　60
남이 아니라 내 시선이 문제다 : **덕충부**德充符

06　쓸데없는 걱정이 많아요　　71
자유로운 삶이 두려움을 잊게 한다 : **대종사**大宗師

07　멋진 지도자가 되고 싶어요　　84
임금은 하인이며 섬기는 사람이다 : **응제왕**應帝王

2부. 비움으로 채운다 : 장자 외편(外篇)

08 엄마는 항상 동생 편만 들어요   99
   높은 눈으로 보면 억울함은 없다 : **변무**駢拇

09 적성과 전망 사이에서 고민이에요   104
   최우선 기준은 나답게 사는 것 : **마제**馬蹄

10 어기고 싶지 않은데 자꾸 규칙을 어겨요   108
   큰 잘못을 없애면 작은 잘못은 사라진다 : **거협**胠篋

11 늘 밝게 생각하려고 하는데 쉽지 않아요   115
   변화하는 감정이 자연의 순리다 : **재유**在宥

12 잘 생활하고 싶은데 조건이 엉망이에요   118
   조건이 아니라 내 태도가 문제다 : **천지**天地

13 지적을 당하거나 비난을 받으면 짜증나요   126
   내 인생의 평가자는 나 자신이다 : **천도**天道

14 전교 1등 공부법을 따라했는데 저는 왜 안 될까요?   130
   바른 도(道)는 겉만 보고 알 수 없다 : **천운**天運

15 배신을 당했어요. 사람 보는 눈이 없는 걸까요?   135
   낮은 데서 볼 때 참모습이 보인다 : **각의**刻意

16 제 재능이 무엇인지 모르겠어요   139
   지식과 욕심이 본성을 가린다 : **선성**繕性

17 잘난 친구가 부러워요 ——————— 143

모든 존재는 각각의 쓰임이 있다 : **추수**秋水

18 옳고 그름을 판단하기가 힘들어요 ——————— 150

무위無爲의 자세로 토론한다 : **지락**至樂

19 열심히 노력했는데 결과는 실망스러워요 ——————— 155

노력을 의식하면 진정한 노력이 아니다 : **달생**達生

20 저만 손해 보는 듯해서 화가 나요 ——————— 161

이익에 얽매이면 큰 위험이 온다 : **산목**山木

21 참다운 선생님을 아직 만나지 못했어요 ——————— 169

도道는 똥에도 풀에도 있다 : **전자방**田子方

22 말을 유창하게 하는 친구가 부러워요 ——————— 175

천지는 아름답지만 말이 없다 : **지북유**知北遊

3부. 하지 않음으로 이룬다 : 장자 잡편(雜篇)

23 노력은 제가 했는데 칭찬은 친구가 받았어요 ——————— 183

내가 이룬 것이 아니라 자연이 이루었다 : **경상초**庚桑楚

24 맞수를 이기고 싶어요 ——————— 189

맞수가 없다면 내 능력도 없다 : **서무귀**徐无鬼

25 심각한 갈등을 전하는 뉴스를 보면 짜증나요 — 191
갈등은 달팽이 뿔 위에서 벌이는 싸움 : **즉양**則陽

26 공부보다 책읽기가 좋은데 구박이 심해요 — 196
쓸모 있음은 쓸모없음을 바탕으로 한다 : **외물**外物

27 친구에게 충고를 해 주고 싶은데 쉽지 않아요 — 201
이야기와 옛말의 힘을 빌린다 : **우언**寓言

28 저는 다른 사람의 말에 너무 쉽게 흔들려요 — 204
내 뜻이 아니면 움직이지 않는다 : **양왕**讓王

29 성공하고 싶은데 어떻게 하면 좋을까요 — 208
다른 눈으로 보면 위인이 악인이 된다 : **도척**盜跖

30 싸움에서 이기는 방법을 알고 싶어요 — 212
서민의 검을 버리고 제왕의 검을 든다 : **설검**說劍

31 제 자신을 제대로 알고 싶어요 — 216
도(道)에서 멀어지면 참모습을 잃는다 : **어부**漁父

32 부모님의 기대가 너무 커서 부담스러워요 — 220
대접받고 싶은 마음이 기대의 원인이다 : **열어구**列禦寇

33 장자를 접하고 나니 혼란스러워요 — 224
진리는 겉모습이 다를 뿐 어디든 있다 : **천하**天下

|에필로그| 장자, 책에서 나와 삶의 가치를 찾다 — 226
|베타테스터| — 230

1부

만물은 하나다

: 장자 내편(內篇)

장자철학상식 ①

중국 철학은 크게 공자와 맹자를 중심으로 한 '유가사상'과 노자와 장자를 중심으로 한 '도가사상'으로 나뉜다. 물론 그 외에도 수많은 사상들이 있지만 유가와 도가가 가장 널리 퍼졌고 강력한 영향력을 끼쳤다. 이 중에서 유가사상은 우리나라에도 깊은 영향을 끼쳐 조선시대에는 유가의 한 갈래인 '성리학'으로 나라를 다스리기도 했다.

유가는 공자가 처음 만들어 맹자가 발전시켰고, 도가는 노자를 출발로 하여 장자가 발전시켰다. 장자의 원래 이름은 '장주'로, 높여 부를 때 '장자'라 한다. 장주가 쓴 책이 『장자』기 때문에 장자라는 사람 이름과 책 이름이 동일하다.

『장자』는 내편(內篇), 외편(外篇), 잡편(雜篇)으로 나뉘는데, 내편(內篇)이 가장 핵심이요, 장자 철학의 중심이다. 외편(外篇)과 잡편(雜篇)은 장자가 아니라 나중에 다른 도가 사상가들이 덧붙였다는 의견이 다수다.

미래가 불안해요

큰 인물을 꿈꾸면 불안하지 않다 : 소요유逍遙遊

저는 안정된 직업을 얻고 싶습니다. 물론 돈도 많이 벌고 싶어요. 그러나 안타깝게도 성적은 제 꿈을 이루기에 너무 부족합니다. 열심히 공부해야 제대로 된 미래가 열릴 거라는 걸 알지만, 점수가 기대에 미치지 못할 때마다 정말 괴롭습니다. 미래가 불안해서 견디기 힘듭니다.

어른들도 마찬가집니다. 안정된 직업에 돈도 많이 벌고 싶습니다. 불안하기 때문이며, 더 편안하길 바라기 때문입니다. 누구든 풍족한 생활을 꿈꾸니까요. 안정된 직업하면 습관처럼 꼽는 직업이 있습니다. 다들 그 직업을 부러워합니다. 그 직업을 얻은 사람은 은근히 뽐내기도 합니다. 대놓고 자랑하기도 하죠.

모든 사람이 돈을 많이 벌고, 안정된 직업을 얻으면 좋겠지만 그게 안 되니까 탈입니다. 성적이 높아야 얻는 직업이고, 수많은 경쟁을 물리쳐야만 가능한 직업이니까요. 청년백수, 실업자, 비정규직, 가난, 집값, 육아비 등등, 우리 청소년들은 이미 어른이 되면 무엇 때문에 힘들지 알고 있습니다. 이미 다 알기에 10대들도 20대와 마찬가지로 안정된 직업을 얻지 못할까 불안에 떱니다.

참 골치 아픈 고민입니다. 해답을 구하기 쉽지 않습니다. 일단 고민은 접어두고 잠시 장자의 세계로 들어가 봅시다. 장자가 던지는 말에서 고민을 해결할 수 있는 무엇을 발견할지도 모르니까요.

북명에 '곤'이라는 고기가 사는데 그 크기가 수 천리에 달한다. 곤은 변하여 새가 되는데 '붕'이라고 한다. 붕도 곤처럼 크다. 붕새가 힘껏 날개를 펴고 날아오르면 그 날개가 하늘에 드리워져 구름을 덮은 듯하다. 붕새가 날개로 바닷물을 치는 것이 3천리고, 바람을 타고 허공으로 구만리까지 날아오르면 쉬지 않고 6개월을 날아간다.

정말 엄청난 뻥이네요. 한반도가 3천리인데 붕새는 한반도보다 더 크나 봅니다. 날갯짓 한 번에 3천리에 걸친 바닷물이 흔들린다고 상상해보세요. 대단하죠? 물론 이건 분명히 뻥입니다. 그런데 장자는 왜 이렇게 큰 뻥을 치는 걸까요?

참새는 붕새를 비웃는다.

"느릅나무나 박달나무를 향해 날아오를 때도 힘이 들어 다 가지 못하는 경우가 종종 생긴다. 정말 바보 같은 녀석이야. 우리는 기껏 날아 봐야 몇 길 높이밖에 날지 못하고, 내려와서 이렇게 쑥대 사이를 날아다니며 놀아도 더 없이 즐거워. 도대체 왜 저렇게 힘들게, 멀리 날아가는지 모르겠군."

붕새와 참새! 한반도보다 큰 붕새와 사람 손바닥만 한 참새를 견줘보세요. 엄청난 차이죠. 참새가 보기에 붕새는 도저히 이해하기 힘든 새입니다. 크기도 크기려니와 6개월씩이나 날아다닐 이유는 짐작조차 못합니다. 차이가 너무 크면 작은 처지에서는 큰 존재를 전혀 이해하지 못합니다.

아침에 생겼다 저녁에 시드는 버섯은 하루가 얼마나 긴지 모르고, 여름 한 철을 사는 매미는 1년이 얼마나 긴지 모른다. 수명이 짧으니 어쩔 수 없다. '명령'이란 나무는 500년을 봄으로 삼고, 500년을 가을로 삼는다. '대춘'이란 나무는 8천년을 봄으로 삼고, 8천년을 가을로 삼는다. 명령과 대춘에 견주면 수백 년을 살았다는 '팽조'도 짧은 삶을 산 셈이다. 그런데 사람들은 그저 팽조를 부러워한다.

짧게 사는 생명은 짧은 경험밖에 못합니다. 하루살이는 낮과 밤의 변화를 알지 못하며, 매미는 계절의 변화를 모릅니다. 100년도 못 사는 인간은 천년 세월, 만년의 시간이 어떤지 제대로 이해하지 못합니다. 막연히 짐작만 할 뿐이죠.

 작은 지혜는 큰 지혜를 따르지 못하고, 짧은 세월을 살면 오랜 세월을 알지 못한다.

자, 드디어 장자가 하고 싶은 얘기가 나왔습니다. 장자는 크고 작음을 이야기하고 싶어 합니다. 작은 지혜는 큰 지혜를 따르지 못합니다. 짧은 세월을 살면 오랜 세월을 알지 못합니다. 작은 인물은 큰 인물을 모릅니다. 작은 인생으로는 큰 인생이 지닌 뜻을 헤아리지 못합니다.

붕새는 큰 인물입니다. 참새는 작은 인물입니다. 참새가 붕새의 뜻을 알지 못하듯, 작은 인물은 큰 인물을 알기 어렵습니다. 그래서 사람들은 너도나도 큰 인물이 되기를 바랍니다. 자식을 교육시키는 부모님들의 소원도 같습니다. 내 자식은 큰 인물이 되어 살기를 원합니다. 작은 숲이 아니라 3천리에 날개를 휘저으며 날아다니는 인물이 되기를 바랍니다. 그것이 교육을 하는 목적입니다.

그렇다면 큰 인물이란 어떤 인물일까요? 스스로 한 번 정의를 내려 보세요. 큰 인물이 어떤 인물인지 나름대로 정리를 한 뒤에 장자를 계속 읽기 바랍니다.

지식을 길러 출세를 하고, 공을 세워 벼슬을 얻고, 재능을 인정받아 높은 지위에 오르고, 덕이 높아 임금의 자리에 오른 사람들! 그들은 자신을 큰 사람이라 여길지 모르지만, 사실은 참새와 다를 바 없는 사람들이다.

평범한 이들이 큰 사람이라고 여기는 인물을 장자는 참새로 깔봅니다. 그리고 그 사람들은 진정으로 큰 인물이 아니라고 봅니다. 출세하고, 벼슬을 얻고, 지위고 높고, 세상을 다스리는 위치에 선다고 해서 큰 인물이 아니며, 오히려 작은 인물이라고 낮춰봅니다. 현대인들이 부러워하는 직업을 지닌 사람들을 큰 인물이 아니라 작은 인물로 여깁니다. 우리가 부러워하는 사람들이 붕새가 아니라 참새라는 거죠.

그럼 장자가 생각하는 큰 인물은 도대체 어떤 사람일까요?

큰 인물은 자신을 고집하지 않으며, 공적(功績)을 생각하지 않고, 명성에 관심이 없다. 천지자연에 몸을 맡기고, 만물의 기운에 따라 세상을 여유롭게 걷는 사람이야말로 진정 자유로운 존재다.

자신을 고집하지 않는답니다. 자기 신념, 자기 관점, 자기 이익 따위에 얽매이지 않는다는 말입니다. 공적도 생각하지 않는답니다. 큰 업적을 세우겠다거나, 1등을 하겠다거나, 돈을 많이 벌어서 떵떵거리며 살겠다는 목표도 없답니다. 이름이 널리 알려지는 것도 바라지 않는답니다. 누가 인정을 하든 말든, 남들이 존경하든 말든 상관하지 않는다고 하네요. 그러면서 자연에 몸을 맡기고, 세상 흘러가는 대로 여유롭게 걷는 사람! 그런 사람이 바로 큰 인물이라고 합니다. 진정 자유롭게 사는 사람이 큰 인물이라고 합니다.

그 무엇에도 얽매이지 않고, 푸른 대자연 속에서 아무 걱정 없이 바람 따라, 물길 따라 여유롭게 거니는 사람을 떠올려 보세요. 누가 알아주지도 않습니다. 남늘의 시선은 신경 쓰지도 않습니다. 무엇인가를 이루겠다는 목표도 없고, 내가 가고 싶은 길을 반드시 가겠다는 의지도 없습니다. 그저 걷습니다. 바람과 물과 지형의 흐름에 따라 자신을 내맡기고 여유롭게 미소 지으며 걷습니다. 떠오르시나요? 이게 '소요유(逍遙遊)'하는 사람입니다. 이런 사람이 장자가 말하는 큰 사람입니다.

장자는 '허유'라는 사람을 큰 인물로 소개합니다. 허유에 관련한 일화입니다. 요임금이 허유에게 임금 자리를 물려주려고 합니다. 허유가 아주 대단한 인물이라고 여겼기 때문입니다. 보통 사람이라면 사양하는 척 하면서 얼른 임금 자리를 받을 텐데 허유는 딱 잘라 거절하면서 이렇게 말합니다.

뱁새는 넓은 숲 속에 집을 짓고 살지만 한 개의 나뭇가지만 필요할 뿐입니다. 두더지는 황하강의 물을 마시지만 자기 배만 차면 그걸로 만족합니다. 천하가 주어져도 저에겐 아무런 소용이 없습니다. 저는 이름을 얻기 위해 임금이 되고 싶지는 않습니다.

뱁새는 한 개의 나뭇가지만 필요합니다. 뱁새가 숲을 지배할 필요는 없습니다. 두더지는 강물로 배를 채우면 그만입니다. 강물이 필요하다고 황하강을 지배할 이유는 없습니다. 자기만족입니다. 자신에게 꼭 필요한 것만을 원할 뿐 그 이상은 원하지 않습니다. 유명한 이름도 필요 없습니다. 이름을 얻어 봐야 남는 게 없기 때문입니다. 자기 삶에 아무런 보탬이 되지 않기 때문입니다.

스스로 만족하는 사람이 장자가 말하는 큰 인물입니다. 바람 따라, 길 따라, 물 따라 흘러가듯 자유로이 걷는 사람이야말로 큰 인물입니다. 높은 산에 오르기 위해, 바다를 건너기 위해 애쓰지 않고 그저 작은 즐거움에 만족하며 힘들이지 않고 걷는 삶을 즐길 때 참 행복이 찾아옵니다.

장자가 말하는 큰 인물의 대척점에 선 사람이 칭기즈칸과 같은 정복자들입니다. 대자연을 여유롭게 거니는 장자와 아시아 대륙을 휘날리며 점령한 칭기즈칸의 삶 중에서 어떤 삶이 더 나아 보이나요? 어떤 삶이 더 부러운가요?

세상에 태어났다면 큰 인물을 꿈 꿔야 합니다. 세상에 태어나 낮과 밤의 변화도 모르고, 계절의 변화도 모르고 죽는 건 너무 억울하지요. 참된 삶이 무엇인지 알고, 그것을 누려보고 죽어야 제대로 살았다 하겠지요. 한 번 뿐인 인생 행복을 누려야지요.

큰 인물을 꿈꾸시기 바랍니다. 그리고 큰 인물이 무엇인지 장자의 얘기를 바탕으로 고민해 보시기 바랍니다.

물론 장자처럼 소요유하면서 살면 좋겠지요. 저도 나중에 그리 살고 싶습니다. 그리고 나중에 그렇게 소요유하면서 살려면 지금 열심히 노력해서 돈도 많이 벌고, 좋은 직업을 얻어야 하지 않겠습니까? 여유도 돈 많은 사람들, 높은 지위에 오른 사람들, 성공한 사람들이 누리는 거잖아요. 솔직히 말하면 20대가 되어 실업자나 비정규직이 되고 싶지 않습니다. 직장 때문에, 돈 때문에 걱정하고 싶지 않아요. 여유롭게 살고 싶지만 세상이 만만치가 않습니다.

맞습니다. 세상이 참 만만치 않습니다. 내가 여유롭게 살려고 해도 세상이 허락해주지 않는 경우가 많죠. 공부 안 하고 여유롭게 살겠다고 하면 당장 부모님부터 구박을 하겠지요. 아마 현실을 알라며 야단을 칠지도 모릅니다. '혜자'란 사람도 장자를 비웃었습니다.

당신은 늘 큰 인물이라고 얘기한다. 큰 인물이 좋다고 말한다. 그러나 크다는 건 다른 말로 하면 쓸모없다는 말과 같다. 예를 들어보겠다. 내가 전에 임금에게 큰 표주박 씨를 얻었다. 그 씨를 심으니 큰 열매가 맺혔고, 거기서 큰 표주박을 얻었다. 표주박이 어찌나 큰지 쌀 다섯 가마가 들어갔다. 표주박에 물을 담으면 도저히 들을 수 없을 정도로 무거웠다. 하는 수 없이 반으로 쪼개서 바가지를 만들었는데, 너무 커서 물독이나 우물에서 물을 뜰 수가 없었다. 바가지가 너무 크니 아무 쓸모가 없었다. 당신이 큰 인물임을 자랑하나 그건 너무 커서 아무짝에도 쓸모없는 큰 바가지와 같다.

혜자가 장자를 어떻게 비꼬았는지 알겠죠? 장자가 말하는 큰 인물은 현실에서는 아무짝에도 쓸모없다는 지적입니다. 혜자가 한 비판에 고개가 끄덕여지나요? 고개를 끄덕이는 데서 멈추지 말고 여러분이 만약 장자라면 어떤 식으로 반박을 했을지 고민해 보세요. 이런 때 장자가 한 반박을 바로 읽지 말고 고민을 해야 합니다. 잠시 책읽기를 멈추고 고민하세요. 고민 뒤에 장자가 한 반박을 읽어야 장자가 한 말이 가슴에 남습니다.

제가 다른 학생들에게 이 글을 읽어주고 질문을 해 봤습니다. 한 학생은 항아리나 우물을 크게 만들겠다고 하더군요. 자신을 바꾸기보다 주위를 바꾸겠다는 뜻입니다. 또 어떤 학생은 항아리를 기울여서 바가지에 물을 담겠다고 했습니다. 아예 바가지를 항아리 대신 써도 좋지 않겠냐는 의견도 나왔습니다. 이런 답변들은 발상은 좋지만 혜자의 비판을 정면으로 반박하지는 못합니다. 이 정도의 답변은 혜자의 비판이 어느 정도 타당하다는 점을 인정하는 셈입니다.

이제 장자가 한 반박을 읽어보겠습니다.

당신은 큰 것을 쓸 줄 모른다. 왜 그렇게 큰 표주박으로 물을 뜨려고 하는가? 전혀 다른 용도로 사용하면 된다. 당신이 예를 들었으니 나도 예를 들어 보겠다.

송나라에 대대로 세탁을 하면서 살아가는 집안이 있었다. 직업 때문에 손이 상할 일이 많았기 때문에 그 집안에는 손이 상하는 것을 막아주는 약이 전해 내려왔다. 어떤 사람이 그 소문을 듣고 찾아가서 큰돈을 줄 테니 약을 만드는 방법을 알려달라며 일 년 동안 버는 수입의 20배 정도를 제시했다. 빨래를 하는 집안 사람들은 그 제안을 받아들였다.

약 만드는 방법을 배운 사람은 오나라로 가서 약이 지닌 효과를 설명했다. 때마침 월나라가 오나라를 쳐들어왔다. 오나라 왕은 그 사람이 지닌 약을 적절한 곳에 사용하기로 했다. 한겨울에 전투가 벌어졌는데 일부러 강으로 적을 끌어들여서 물에서 싸웠다. 오나라 군사들은 손에 약을 발랐기 때문에 자유롭게 무기를 다루었지만, 월나라 군사들은 무기를 제대로 쓰지 못했다. 그 덕분에 오나라는 크게 승리했고, 오나라 왕은 약 짓는 법을 알려준 사람에게 높은 벼슬을 내렸다.

약이 지닌 효능은 같지만 한 사람은 그것을 활용해 큰 벼슬을 얻었고, 한 사람은 여전히 빨래만 한다. 같은 기술이라도 누가 어떻게 쓰느냐에 따라 달라진다. 엄청나게 큰 바가지라면 큰 강이나 호수에 띄워 볼 생각은 왜 못하는가? 너무 커서 항아리나 우물에 넣지 못한다고 불평만 하는 것은 스스로 고정관념에 사로잡혔다는 증거일 뿐이다. 작은 인간은 자기 생각에서 벗어나지 못하지만, 큰 사람은 고정관념에서 벗어나 크고 다르게 생각할 줄 안다.

장자의 답변이 정말 놀랍죠? 기가 막힙니다. 같은 물건이라도 쓰는 사람에 따라 다르고, 같은 기술이라도 어떻게 활용하느냐에 따라 달라집니다. 큰 표주박은 물을 뜨는 용도가 아니라, 배로 만들어 특별한 관광 상품으로 만들면 정말 인기가 높겠지요.

세상을 달리 보면 세상이 달라집니다. 우리는 어쩌면 고정관념에 사로잡혀 세상을 대하는지도 모르겠습니다. 소요유하면서 사는 삶이 부럽지만 그러기 위해서는 돈을 많이 벌어야 하고, 지금은 싫지만 죽도록 노력해야 한다는 생각, 어쩌면 이 모든 것이 고정관념 아닐까요? 돈 많은 사람만 여유를 누리고 산다는 말도 마찬가지 아닐까요?

세상에는 돈은 별로 없지만 마음은 여유롭고 풍족하게 사는 사람이 참 많습니다. 반면에 돈은 아주 많지만 죽는 그 순간까지 여유를 누리지 못하는 사람도 엄청 많습니다. 소요유 하는 삶은 조건에 따라 좌우되지 않습니다. 조건이 아니라 마음이 문제지요.

장자는 조건을 말하지 않습니다. 큰마음을 이야기 합니다. 여러분의 마음의 크기는 어느 정도인가요? 소요유 하는 삶을 이루려면 조건이 필요하다고 생각한다면 내 마음이 작다는 증거입니다. 마음을 크게 키워야 합니다. 그래야 소요유를 즐길 여유가 생깁니다. 여유는 조건이 결정하지 않고 마음의 크기가 결정합니다.

『장자』 책에는 장자가 생각하는 큰 인물들이 나오는데 흔히 우리가 생각하는 위인이 아닙니다. 수레 만드는 장인, 소 잡는 백정, 장애인, 권력을 버리고 산으로 들어간 농부, 아내를 평생 모시고 사는 평범한 남편 등을 장자는 큰 인물로 소개합니다. 2000년도 넘는 옛날, 왕과 귀족들이 지배하는 세상에서 가장 천민인 장인, 백정, 장애인 등을 가장 위대하고 큰 인물로 그리다니, 놀랍지 않나요? 이것이 제가 장자를 좋아하는 첫 번째 이유입니다.

천하디 천한 백정이 왕 앞에서 거침없이 왕을 비판하는 장면을 상상해 보세요. 2000년도 더 된 옛날에 그런 장면을 그려냈다니 놀랍지 않으세요? 모든 인간이 평등하다는 민주주의 시대인 요즘에도 쉽게 떠올리기 힘든 장면입니다. 장자는 신분과 겉모습을 중요하게 여기지 않았습니다. 마음이 넓고, 어떤 틀에도 얽매이지 않고 자유로운 인물이라면 그가 곧 위대한 인물, 즉 붕새요 곤입니다. 『장자』 첫 머리에 나오는 붕새와 곤은 단순한 뻥이 아니라, 진정 위대한 인물이 누구인지 깨달으라는 뜻이 담긴 상징입니다.

억울해서 참을 수 없어요

상대적 관점이 억울함을 풀어준다 : 제물론齊物論

저희들은 어른들에게 억울한 일을 많이 당합니다. 특히 선생님들에게 더욱 그렇지요. 친구 사이면 그냥 풀 수 있는데 어른이라 어떻게 해볼 도리가 없습니다. 억울함을 호소하면 변명한다면서 더 야단을 칩니다. 그러다 보니 화가 나도 속으로만 부글부글 끓습니다. 화를 못 푸니 괜히 심통이 나고 다른 일도 하기 싫습니다.

억울하면 화가 납니다. 속으로 분노가 쌓입니다. 속이 용암처럼 부글부글 끓습니다. 심하면 눈물이 쏟아집니다. 가슴 속에 억울함이 오래 쌓이면 병이 나기도 합니다. 옛날 우리나라 여성들에게는 '화병'이 많았습니다. 억울한 일을 많이 당했는데 너무 참고 살다 보니 몸이 견디지 못하고 탈이 난 병이 화병입니다. 화병에 걸리면 병원에서는 정상이라고 하는데 환자는 이유를 알 수 없는 통증에 괴롭습니다. 화병은 억울함이 만든 병입니다. 그래서 화병은 억울함을 풀지 않으면 해결되지 않습니다. 오늘날에도 스트레스는 만병의 근원이라고 하죠. 억울함은 가장 큰 스트레스입니다.

사람은 억울한 감정으로는 못삽니다. 억울함을 무작정 참고 견딜 수는 없습니다. 억울한 감정은 풀어야죠. 문제는 억울함의 대상이 나보다 강한 사람, 내가 어떻게 해볼 도리가 없는 조직이나 어른인 경우입니다. 내가 어떻게 해결할 만한 대상이라면 억울하지도 않죠. 대놓고 화를 내면 되니까요. 그러지 못할 때 화병이 생기고, 스트레스가 쌓입니다.

억울하면 일단 그 대상이 누구든 실컷 화를 내세요. 그 사람에게 대놓고 못하면 혼자서라도 화를 터트리십시오. 충분히 그런 뒤에 장자가 내놓은 해법을 읽기 바랍니다.

사람은 기뻐하다가 화를 내고, 슬퍼하다가 어느덧 즐거워한다. 사람의 마음은 무엇 때문에 시시때때로 변하는가?

억울함은 감정입니다. 감정은 시시때때로 변합니다. 이런 감정은 왜 일어나고, 왜 그렇게 자주 변하는 걸까요? 원인을 알아야 해결책을 찾습니다. 장자는 스스로 묻고, 스스로 해답을 제시합니다.

마음이 변하는 이유는 무엇인가가 마음을 움직이기 때문이다. 의식은 바깥 사물이 존재하지 않으면 생기지 않는다. 따라서 마음의 변화는 바깥 사물과 자신이 상호작용하기 때문에 생긴다.

그럴듯한 답변이죠? 의식은 외부 세계에 반응합니다. 외부 세계가 끝없이 변하니 사람의 마음도 끝없이 변한다는 답변입니다. 물론 이 답변이 충분하진 않습니다. 외부 세계가 끝없이 변하는 이유를 설명하지 않았고, 외부 세계와 무관하게 감정이 오르락내리락 하는 경우도 많기 때문이죠. 장자도 이 답변이 부족한 답변이라고 인정하면서 진정한 근원은 따로 존재한다고 말합니다. 진정한 근원이 무엇일까란 궁금증은 일단 묻어두고 넘어가겠습니다.

사람의 몸에 딸린 감각기관은 죽는 그 순간까지 바깥 사물과 대립하고 받아들이는 작용을 반복한다. 사람은 바깥 사물과 대립을 반복하면서 죽음을 향해 줄달음친다. 이것이 사람의 삶이다. 한평생 아등바등 대립하고, 투쟁해도 보람도 없고 평안도 없다. 살아가기 위해 싸우고 대립하면서 불행 속에서 소멸해가는 존재가 사람이다.

인간의 감각은 끊임없이 주변을 인식합니다. 눈으로 보고, 귀로 듣고, 피부로 느끼고, 코로 냄새를 맡고, 혀로 맛을 봅니다. 다섯 감각을 바탕으로 세상을 인식하면서 살아남기 위해서 애를 씁니다. 나와 남을 구별하고, 때로는 적으로 돌리고, 때로는 친구로 두면서 생존을 위해 몸부림칩니다. 외부 세계가 주는 위협으로부터 나를 보호하기 위해 참으로 많은 애를 씁니다. 자신을 보호해야만 살아남기 때문입니다. 생명은 살기 위해, 살아남기 위해 누가 시키지 않아도 알아서 움직입니다.

자, 이제 장자 철학의 핵심이 등장합니다. 솔직히 말하면 다음에 나오는 말을 깨닫는다면 장자 철학을 완전히 이해했다고 봐도 됩니다. 그리고 더 솔직히 말하면 이 말을 깨닫는다면 아마 더 이상 국영수사과 따위의 공부는 필요 없을지도 모릅니다. 도(道)를 깨닫고, 신선의 경지에 도달한 것이니까요.

도(道)의 눈으로 보면 손가락 하나가 세상 만물이고, 한 마리의 말도 세상 전부다. 우리 눈으로 보기에 풀잎과 기둥은 크기가 다르고, 문둥병자와 미녀는 아름다움이 다르다지만, 도(道)의 눈으로 보면 풀잎과 기둥, 문둥병자와 미녀는 동일하다. 어떤 면에서는 파괴로 보이지만 어떤 면에서는 완성이며, 완성이 파괴다. 만물은 하나다. 세상은 구별되지 않으며 완전한 하나다. 만물제동(萬物齊同), 만물은 모두 동일하다.

인간은 살기 위해 세상을 구별합니다. 우리 눈은 이것저것 구별이 가능하며, 소리도, 맛도, 감촉도 다 다릅니다. 개는 냄새를 만 가지 이상 구별한다고 합니다. 인간의 감각 기관은 구별하기 위해 존재합니다. 인간뿐 아니라 모든 생명은 살아남기 위해서 감각기관을 발달시

켰습니다. 구별하지 못하면 살아날 수 없기 때문입니다. 독버섯을 구별하지 못하면 목숨이 위태롭습니다. 적과 친구를 구별하지 못하면 생명을 지키지 못합니다. 이익과 손해를 구별하지 못하면 거지꼴을 못 면합니다. 생존을 위해서는 이렇게 구별이 필요합니다.

장자는 우리가 당연하게 여기는 이 구별이 더 높은 차원에서는 의미가 없다고 말합니다. 구별이란 감각기관의 속임수일 뿐이라고 말합니다. 아니 눈으로 보면 분명 구별이 되고, 소리로 들으면 구별이 되고, 촉감도 다 다른데 어떻게 해서 세상이 더 높은 차원에서는 구별되지 않는다고 말하는 걸까요? 말도 안 되는 소리 같죠? 그러나 말이 됩니다. 만물제동(萬物齊同), 세상이 하나라는 사실은 논리가 탄탄하며 과학으로 증명된 진실입니다.

일단 나와 외부 세계를 구별해 보세요. 어디까지가 나일까요? 뭐 그런 황당한 질문을 하느냐 묻지 말고, 자기와 자기가 아닌 것을 구별해보시기 바랍니다. 너무 쉽다고 생각할지 모르지만, 굉장히 어려운 질문입니다. 예를 들어보죠. 물을 마셨습니다. 물은 내 몸이 됩니다. 그럼 물은 언제부터 내 몸인가요? 입에 들어왔을 때? 아니면 식도를 넘었을 때? 위에 들어왔을 때? 언제부터 내 몸이죠? 위에 들어왔을 때가 내 몸이라고 한다면, 만약 토해내면 그건 내 몸인가요, 아닌가요? 머리카락은 나입니다. 자른 뒤에는 나일까요, 아닐까요? 잘라지는 순간에는 나인가요, 아닌가요?

조금 더 과학에 근거해서 질문해 보죠. '인체 미생물군집 프로젝

트'(Human Microbiome Project, 2012년) 조사 결과에 따르면 사람의 신체 안에는 박테리아, 바이러스 등 1만여 종의 미생물이 함께 사는데, 세포 수로는 사람 세포보다 10배나 많은 100조 개이며, 유전자 수로는 인간 유전자보다 360배 많은 800만 개라고 하며, 무게만 해도 0.9∼2.3kg이라고 합니다.(『생명을 어떻게 이해할까?』장회익/한울) 과연 우리 몸에 들어 있는 0.9∼2.3kg의 무게에 100조 개의 세포로 이루어진 미생물들은 나인가요, 아닌가요? 아니라고 하기에도 애매하고, 나라고 하기에도 애매하죠?

대충 보면 구별이 되는 듯하지만, 막상 제대로 구별하려고 하면 세상과 내 몸 하나 구별하기가 쉽지 않습니다. 과학의 기준으로 봐도 세상은 본질에서 하나입니다. 우리는 모두 빅뱅에서 왔습니다. 하나의 점에서 모두 출발했습니다. 그러니 모두 하나죠. 나비효과란 말을 들어보았을 것입니다. 중국에서 나비가 날개 짓을 하면 미국에서 태풍이 일어날 가능성도 있다는 이론입니다. 하나의 작은 행동이 어떤 결과를 가져올지 아무도 모른다는 뜻입니다. 즉, 세상이 너무 복잡하게 서로 얽히고설켰기 때문에 빚어지는 현상입니다. 나비효과는 세상이 하나로 연결되어 있다는 증거입니다.

논리로 따져 봐도 과학으로 접근해 봐도 구별이란 감각기관이 만들어낸 착각일 뿐입니다. 다음은 장자에서 가장 유명한 일화인 '호접지몽(胡蝶之夢)'입니다

그때 나는 훨훨 나는 나비였다. 너무나 즐겁고 기뻐 기분 내키는 대로 훨훨 날아다녔다. 나비가 되어 나는 순간에는 내가 장자라는 걸 깨닫지 못했다. 잠에서 깨는 순간 내가 장자로 나비 꿈을 꾸었는지, 나비가 장자 꿈을 꾸었는지 구별이 되지 않았다.

나비가 내 꿈을 꾸었는지, 내가 나비 꿈을 꾸었는지 모르겠다니 아마 잠에서 깨었을 때 비몽사몽이었나 봅니다. 장자는 잠에서 깨는 순간에 나와 나비를 구분하지 못했습니다. 나와 나비가 둘이 아니라 하나임을 느낀 셈이죠.

천지와 나는 한 몸뚱이요, 만물과 나는 하나다. 사물은 구별이 없다. 따라서 사람의 견해도 옳고 그름으로 구별되지 않는다.

구별이 되지 않습니다. 세상이 모두 하나입니다. 당연한 논리로 옳고 그름도 구별이 없습니다. 옳고 그름도 하나입니다. 무엇을 옳다 하고, 무엇을 그르다고 말할 수 없습니다. 만물제동(萬物齊同)의 눈으로 보면 당연한 결론입니다.

사람의 판단은 처지에 따라 다르다. 사람은 축축한 곳에서 자면 제대로 잠을 못자지만, 미꾸라지에게는 축축한 곳이 너무나 편안한 잠자리다. 사람은 높은 나무에 올라가면 두려워하지만, 원숭이에게는 아주 편안한 집이다. 사람이 사는 곳과 미꾸라지가 사는 곳과 원숭이가 사는 곳 중에서 어느 곳이 올바른 집이라 말하기 어렵다. 아무리 아름다운 미녀라도 물고기가 보면 놀라 도망가고, 새가 보면 멀리 하늘로 날아가고, 토끼가 보면 헐레벌떡 도망친다. 인간에게는 아름다워 보여도 짐승에게는 그저 위협일 뿐이다. 아름다움이란 보기에 따라 다르다. 옳고 그름은 내 눈으로 보기엔 확실할지 모르지만, 실제로는 구별하기 어렵다.

내 처지에서 보면 옳지만 다른 사람 처지에서 보면 옳지 않을지도 모릅니다. 우리에게는 당연한 문화가 다른 나라 사람에게는 받아들이기 힘든 이상한 문화가 되기도 합니다. 아주 쉬운 예로 개고기 문화가 있습니다. 동양에서는 개고기가 음식 문화의 하나로 자리 잡았지만 서양에서는 끔찍하고 혐오스런 짓입니다. 인도에서는 소고기를 먹으면 범죄지만, 우리에게는 최고의 음식입니다. 우리가 즐겨먹는 돼지고기가 이슬람에서는 금지된 음식입니다. 무엇이 옳을까요? 구별하기 어렵습니다. 이런 걸 '문화상대주의'라고 합니다. 문화는 하나의 기준으로 판단할 수 없기에 옳고 그름을 따지기 어렵다는 말이지요.

상대주의는 문화뿐 아니라 개별 관계에서도 작용합니다. 한 학생이 아주 억울한 듯이 저에게 와서 말했습니다.

"제가 단골 가게에 갔거든요. 그런데 예전에는 컵으로 시켜도 그 자리에서 먹고 가도 됐는데 갑자기 나가서 먹으라는 거예요. 컵은 며칠 전부터 테이크아웃을 하기로 했다면서요. 테이크아웃으로 바뀌었으니까 뭐 그렇다 쳐요. 그래도 그 때는 아무도 없었어요. 그럼 가게에서 먹어도 되는 거 아니에요? 사람도 없는데 어떻게 나가서 먹으라고 할 수 있어요? 제가 얼마나 많이 사먹었는데……. 이젠 안 갈 거예요. 진짜 기분 나빠요."

손님 처지에서는 억울합니다. 테이크아웃이긴 하지만 손님이 없으니 조금 앉아서 먹는다고 뭐 큰일도 아닌데 나가서 먹으라고 하니까 서운했죠. 거기다 단골손님이니 더 섭섭했을 거예요.

"그럼 주인이 나쁜 사람일까? 주인이 잘못한 걸까?"

제가 물었습니다.

"네. 너무하잖아요."

억울함이 가득했습니다.

"주인 처지에서 생각해보자. 주인은 컵에 담는 음식을 테이크아웃으로 하기로 했어. 아마 컵으로 산 학생들이 가게에 오래 머물러 있으면 큰 음식을 시킨 손님들 자리가 부족했기 때문이겠지. 그리고 피곤하기도 했을 거야. 어쨌든 손님이니 편하게 있지 못하고 계속 신경을 써야 하니까. 그래서 컵 음식은 테이크아웃으로 정하고, 가게 안에서 먹지 않는다는 원칙을 정했겠지. 주인 처지에서 보면 충분히 그럴 만하지 않니?"

"그렇긴 하네요."

학생은 마지못해 동의했습니다. 그러나 다시 큰소리로 따졌습니다.

"그래도 그때는 아무도 없었단 말이에요."

"물론 아무도 없었지. 너의 처지에서는 쉬면서 먹으면 편할 테지만 주인 처지에서는 너한테 계속 신경 써야 해. 주인도 쉬고 싶지 않을까? 너야 한 번이지만, 주인에게는 한 번 예외를 두면 다른 학생들도 계속 머물게 해 줘야 돼. 그럼 기껏 정한 원칙이 무너지는 거지."

그때서야 그 학생은 화를 풀었습니다. 주인 처지에서 바라보니 억울해 할 이유가 사라져 버렸기 때문이죠. 주인이 처한 처지를 받아들였기에 분노가 사라졌습니다. 억울함이란 내 처지에서 세상을 바라보며 내 시선만을 고집하기 때문에 생겨납니다.

억울함이 나만의 처지에서 고집을 세우기 때문에 생겨난다는 의견에 동의합니다. 이렇게 보면 옳고, 저렇게 보면 옳지 않은 일이 있다는 점도 인정합니다. 그러나 명명백백하게 옳고, 그른 일도 있지 않나요? 내가 거짓말을 하지 않았는데도 믿지 못하고 야단칠 때, 난 하지도 않은 일을 했다면서 처벌을 할 때, 정말 억울합니다. 이럴 때도 제가 옳고 그름을 따지지 말아야 하나요?

저도 그런 일 많이 겪어 봤습니다. 하지도 않았는데 제가 했다는 분위기가 만들어져서 억울하게 책임을 지기도 했습니다. 분명히 내 잘못이 아닌데도 너 때문이라는 원망을 들을 때는 따지고 싶었습니다. 사실 예전에는 지지 않고 따졌습니다. 그러나 요즘에는 되도록 따지지 않으려고 애를 씁니다. 상대방의 처지에서는 충분히 그럴만하다고 인정하기 때문입니다.

억울한 일이 생겼을 때 따질 때와 따지지 않을 때를 견줘봤습니다. 따지면 그 순간 속은 시원했습니다. 그러나 갈등은 사라지지 않았습니다. 관계가 더 나빠졌고 조직에서는 밀려났습니다. 요즘은 상대방의 처지에서 생각해 봅니다. 충분히 그럴만하다고 이해가 되더군요. 따질 때보다 받아들이면 갈등이 없어지고, 훨씬 편안했습니다.

사람은 누구나 나에게 잘못했다는 야단을 맞거나 지적을 당하면 자신을 보호하려고 합니다. 그때 잘못을 인정하면 자신을 보호하지 못할 거라 생각합니다. 나를 보호하기 위해서 핑계를 대기도 하고, 왜곡된 사실을 정확히 밝히려고 무진 애를 쓰기도 합니다. 다들 그런 경험은 있겠지요. 그때 어땠나요? 보호가 됐나요?

다른 얘기입니다만, 한 고등학생이 칼을 들고 다니는 걸 본적이 있습니다. 왜 칼을 들고 다니는지 물었더니 자신을 지키기 위해서라고 합니다. 어릴 때부터 키가 작아 무시를 당하고 괴롭힘도 많이 당하다 보니 피해의식이 생긴 것입니다. 그래서 누군가 자신을 공격하면 스스로를 지켜야겠다는 생각으로 칼을 지니고 다니게 됐다고 했습니다.

"상대가 너를 공격한다고 해서 칼을 휘두르면 네 자신을 지킬 수 있을까? 더 크게 다치지는 않을까?"

그 학생은 짧게 생각하더니 칼이 자신을 지켜주지는 못한다는 점을 인정했습니다.

"말(言)도 똑같아. 너는 평소에 억울하다 싶으면 뛰어난 논리로 상대를 공격하지. 어떻게 해서라도 상대의 잘못을 비집고 들어가는데,

그것은 칼을 휘두르는 행동이랑 똑같아."

그렇습니다. 많은 사람들이 논리로 자신을 지키려고 합니다. 사실을 따져서 내가 옳다고 증명하려고 합니다. 그래야 자신을 지킬 수 있을 뿐만 아니라 인정받을 수 있다고 생각하기 때문입니다. 결과는 어떨까요? 정반대입니다. 자신을 지키겠다고 옳고 그름을 따지고 들면 상대방도 나를 이기겠다고 결심하고 반격합니다. 만약 그 순간은 어찌어찌해서 내가 이겼다하더라도 상대방의 가슴에는 억울함이 자리하고, 그것은 언젠가는 되갚아주겠다는 복수심으로 발전합니다.

안타깝게도 많은 사람들이 칼을 들어야만 자신을 지킬 수 있고, 상대방을 비판해야만 자신의 자존심을 세울 수 있으며, 옳고 그름을 따져야만 내 인격이 지켜진다고 생각합니다. 그러나 그럴수록 몸도, 자존심도, 인격도 지켜지지 못한다는 것을 알지 못합니다. 그것을 어떻게 알 수 있냐고요? 역사를 보세요. 강력한 군대를 지닌 나라가 당장은 승리하는 듯 보이지만 얼마가지 못하고 무너집니다. 나라를 지키는 가장 좋은 방법은 강력한 군대나 무기가 아니라 평화라는 것을 역사는 수도 없이 보여주었습니다. 그런데도 아직도 많은 사람들이 무기가 나를 지켜줄 거라고 믿습니다. 그 어리석음이 우리가 맺고 있는 인간관계에서도 그대로 나타납니다. 나를 지키려는 행위가 사실은 나를 해치는 것임을 알아야 합니다.

물론 누가 봐도 정의롭지 못한 경우도 있습니다. 바로잡아야겠지요. 그것은 억울함을 푸는 행위가 아니라 정의를 위한 실천이기에 차원이 다릅니다. 장자의 말을 빌리면 도(道)를 실천하는 것입니다. 정의를 실현하고, 사회 속에서 도(道)를 이룩하기 위한 방법은 장자가 별도로 얘기했으므로, 다른 장에서 다루겠습니다.

송나라에 원숭이를 키우는 저공이라는 사람이 살았다. 저공은 원숭이를 아주 좋아해서 사람이 먹는 식량까지 원숭이들에게 주었다. 원숭이들도 저공을 잘 따랐다. 그러다 문제가 생겼다. 원숭이가 많아지면서 먹이를 대는 게 쉽지 않게 되었다. 하는 수 없이 저공은 원숭이에게 줄 먹이를 줄이려고 했다. 그런데 자신이 먹이를 줄이려고 하면 아무래도 원숭이들이 싫어할 게 분명했다. 그래서 꾀를 냈다.

"너희들에게 나누어 주는 도토리를 앞으로는 '아침에 3개, 저녁에 4개 (조삼모사朝三暮四)'씩 줄 생각인데 어떠냐?"

지금까지 10개 넘게 먹었는데 아침에 3개, 저녁에 4개로 줄인다고 하니 원숭이들은 화를 냈다. 원숭이들은 한결같이 "아침에 3개 먹으면 배고파!" 하며 항의를 했다. 저공은 고민하는 척하더니 이렇게 말했다.

"그래, 그럼 너희들을 생각해서 아침에 4개, 저녁에 3개씩 줄게."

원숭이들은 아침에 4개 준다는 말에 다들 좋아라고 했다.

원숭이들은 아무 차이가 없는데도 어떤 때는 기뻐하고 어떤 때는 화를 냈다. 이는 원숭이들이 자신이 옳다고 여기는 생각에 얽매였기 때문이다.

'조삼모사(朝三暮四)'는 아침에 셋 저녁에 넷이란 뜻으로, 어리석은 선택을 비웃을 때 쓰는 고사성어입니다. 왜 어리석게 행동할까요? 바로 자신이 옳다는 생각에서 빠져나오지 못하기 때문입니다. 큰 표주박 이야기를 떠올려 보세요. 표주박은 물 뜨는데 써야 한다는 고정관념에 얽매였던 혜자였기에 큰 표주박은 쓸모없다고만 여겼습니다. 장자는 다른 관점에서 접근했기에 큰 표주박의 다른 쓰임새를 찾아냅니다. 자기 관념과 자기 신념만 고집하고 거기에 얽매이면 어리석은 선택을 반복합니다.

억울함도 마찬가집니다. 억울함은 자신의 처지를 지나치게 고집할 때 생겨나는 감정입니다. 자신이 옳고, 상대는 틀리다는 관념에 꽉 잡혔을 때 억울함이 치솟아 오릅니다. 장자는 옳고 그름을 따지지 말라고 합니다. 옳고 그름은 처지와 관점에 따라 달라진다고 말합니다. 만물제동(萬物齊同)의 관점에서 보면 옳고 그름을 따질 이유가 사라집니다.

03

친구와 화해하고 싶어요

억지를 버리고 자연스러움을 택한다 : 양생주養生主

오랫동안 사귀던 여자친구와 사소한 오해로 헤어졌습니다. 싫어서 헤어졌거나, 제가 크게 잘못해서 헤어졌다면 미련이 없을 텐데, 친구들 말대로 하다 보니 오히려 여자 친구가 더 오해하게 되었습니다. 여자 친구와 다시 만나고 싶은데 어떻게 해야 할까요?

장자는 남자와 여자가 어떻게 연애를 하면 잘하는지 따위를 알려 주진 않았습니다. 장자보다 연애를 훨씬 많이 해 본 전문가들이 우리 주위에 참 많지요. 아마도 오해가 생겨서 싸웠다고 하니까 주위에서 이렇게 저렇게 하라고 충고를 많이 한 모양이네요. 도움말을 해 준 친구들은 연애 전문가가 아니었나 봅니다. 주위에서 진짜 연애 전문가를 찾아보세요. 연애에 관한한 장자보다는 연애 전문가에게 도움을 청하는 게 더 좋을지도 모르겠습니다. 장자라면 연애를 어떻게 잘하는지는 알려주지 않고 연애를 통해서 인생의 진리를 깨닫게 해주려고 할 테니까요.

연애는 사랑을 하는 과정입니다. 하나의 경험이죠. 오해를 풀고 다시 사귀기 전에 어떻게 해서 오해가 생겼고, 헤어지게 됐는지 정리해봐야 합니다. 그냥 '내가 잘못했어' 식으로 정리하고, 사과하는 식으로 넘어가면 다시 만난다 해도 결국 또 오해가 생기고, 싸우고, 친구들 도움말을 잘못 들어서 헤어지는 일이 생길 테니까요. 실수를 통해 배워야지요. 연애도 잘 배워야 그 다음에 잘 하는 법입니다.

 인간 생명은 유한하다. 지식은 끝이 없다. 유한한 인간이 끝없는 지식을 좇으면 평안이 오지 않는다.

인간은 유한합니다. 유한하다는 말은 반드시 죽는다는 뜻이며, 능력이 무한하지 않다는 뜻입니다. 아무리 대단한 능력자라도 그 한계가 분명합니다. 거대한 우주의 지식에 견주면 인간의 지식과 능력은 먼지와 같지요. 인간의 지식에는 한계가 있기에 앞으로 벌어질 일을 정확하게 예측하지 못합니다. 끝없는 지식을 좇다 보면 결국 유한성을 잊게 되고 오만함에 빠집니다. 지식으로 모든 것을 해결하겠다고 욕심을 부리게 됩니다. 자기 지식으로 다른 사람을 판단하려는 독선에 빠집니다.

오만과 욕심, 독선은 편안함을 빼앗습니다. 자신의 능력을 지나치게 믿는 오만, 무엇이든 다 얻겠다는 욕심, 남들을 무시하는 독선은 행복과 아무런 관련이 없습니다. 불행을 불러올 뿐입니다.

지식을 지나치게 믿으면 안 됩니다. 인간은 무한능력자가 아닙니다. 어떤 이들은 과학을 만능 해결사처럼 여기고, 과학이란 말을 붙이면 모든 게 정확한 듯 말하기도 합니다. 위험한 사고방식입니다. 무한한 세상의 진리를 유한한 인간이 모두 알 수 있다는 오만함이 잔뜩 묻어나는 생각입니다. 이런 오만이 끔찍한 결과로 이어진 사례는 셀 수도 없이 많습니다.

여자 친구와 오해가 생겨서 싸웠습니다. 옆에서 친구들이 도움말을 했지요. 이렇게 해라, 저렇게 해라 말들이 많았습니다. 그대로 따라 했겠지요. 친구들의 도움말이 정답인 듯 행동했습니다. 그러나 결과는 실패였습니다. 지식이 지닌 한계입니다. 이러면 이렇게 되고, 저러면 저렇게 될 거라고 예상하지만 유한한 인간의 예상이 항상 정확하지는 못하지요. 예상과 정반대 결과가 나오기도 합니다.

주위의 도움말, 연애 책에 나온 충고, 인터넷에 나온 비법을 참고는 하되 지나치게 믿지는 마세요. 주위 친구의 말을 들었다가 여자 친구와 헤어진 독자에게 장자가 주는 첫 번째 가르침입니다.

포정은 소를 잡는 사람이었다. 포정은 소를 매우 잘 잡아서 소문이 자자했다. 소문을 듣고 문혜군이 포정을 불러서 소를 잡아보라고 했다. 포정이 소를 잡는 모습을 본 문혜군은 감탄한다. 손과 몸이 마치 춤을 추듯 움직이고, 칼은 거침없이 나아가는데 칼날은 멈추지 않고 부드럽게 이어져 나갔다. 포정의 칼이 지나가자 가죽과 뼈와 살과 비계가 마치 원래부터 떨어져 있던 것처럼 자연스럽게 분리되었다.

"정말 대단하구나. 어찌하면 소 잡는 기술이 그런 경지에까지 이를 수 있는가?"

포정이 대답했다.

"저는 소를 잡는 일을 도를 닦는 일로 생각합니다. 처음 소를 잡을 때는 어떻게 소를 잡아야 할지 알기 어려웠습니다. 3년이 지나자 소의 몸을 보지 않고도 소의 몸이 느껴지며, 눈을 감아도 소의 몸과 골격을 따라 자연스럽게 칼이 흐르게 되었습니다. 저는 이제 소를 눈으로 보지 않고 마음으로 봅니다. 마음으로 보니 소의 모든 것이 마음에 들어오고 소의 몸 생긴 그대로 칼을 흐르게 할 수 있습니다. 저는 소를 잡으면서 한 번도 칼이 단단한 것에 부딪치게 하지 않습니다. 그러니 제 칼은 19년이 되었지만 아직도 이제 막 간 듯 날카롭습니다."

대답을 들은 문혜군은 감탄하며 말했다.

"훌륭하다. 너를 보니 깨달음에 이르는 길을 알겠구나."

'포정해우(抱丁解牛)'는 포정이 소를 잡는다는 뜻으로, 한 분야에서 엄청난 수준에 이르러 일을 물이 흐르듯 하는 경지를 가리킵니다. 포정은 소를 잡을 때 억지로 하지 않습니다. 소의 생김을 그대로 따라갑니다. 골격, 힘줄, 핏줄, 근육을 따라 자연스럽게 칼을 움직입니다. 물이 흐르듯 칼이 움직입니다.

물의 흐름을 떠올려보세요. 작은 냇가가 모여 큰 강물을 이루고, 큰 강물이 바다로 모입니다. 흐름이 끊어지지 않습니다. 위에서 아래로 나아갑니다. 막히면 돌고 경사가 급하면 강하게 휘몰아치고 경사가 완만하면 부드럽게 흐릅니다. 그 어디에도 부자연스러움이 없습니다. 물의 흐름을 순리라고 합니다. 자연스런 흐름이죠. 포정이 순리에 따르니 막힘이 없습니다. 칼에 흠집도 나지 않습니다.

제 친구 중에 포정과 비슷한 면을 지닌 조각가가 있습니다. 이름이 '시안'인 이 친구는 나무에 글씨를 파는 '서각'을 합니다. 시안이 나무에 글씨를 새길 때는 조각칼을 쓰는데, 예전에는 칼을 몇 번 쓰고 나면 다시 갈았다고 합니다. 요즘에는 칼을 갈지 않는다고 하네요. 시안이 쓰는 칼을 보면 그리 날카롭지 않습니다. 약간 뭉툭한 느낌마저 듭니다. 날카롭게 간 칼은 나무의 생김새와 흐름을 거스르고 나무를 크게 상하게 한답니다. 약간 뭉툭해야 나무의 흐름을 거스르지 않는답니다. 요즘에는 조각칼을 쓸 때 나무의 결 그대로 흐르듯 움직인다고 합니다. 그래서인지 다른 이들의 작품은 나무에 억지로 글을 새긴 느낌이 드는데 시안의 작품을 보면 나무의 성질을 돋보이게 한 느낌이 강합니다. 순리대로 조각칼이 흐르게 하니 뛰어난 작품이 나오고, 일 년을 써도 조각칼을 갈지 않는 경지에 다다랐습니다. 포정해우(捕丁解牛)입니다.

어느 한 분야에서 아주 뛰어난 경지에 이른 사람들을 살펴보세요. 자신이 하는 일에서 순리를 거스른 사람이 없습니다. 순리를 거스르고 최고의 경지에 도달한 사람은 없습니다. 포정해우(庖丁解牛), 순리에 따를 때 최고의 경지에 이른다는 진리를 보여줍니다. 그래서 포정을 지켜본 문혜군이 "너를 보니 깨달음에 이르는 길"이 보인다고 말한 것이죠.

어떤 일을 할 때 일이 잘 풀리지 않는다면 자신이 순리를 거스르는 점이 없는지 짚어보시기 바랍니다. 무언가 순리에 맞지 않는데 억지로 하려고 하면 자꾸 어긋나고, 스트레스가 쌓이고, 갈등이 빚어집니다.

사람 사귀기도 마찬가집니다. 여자 친구와 오해가 생기고, 갈등이 생겼다면 무언가 순리에 어긋나게 했다는 뜻입니다. 아니면 오해와 갈등 자체가 순리였을지도 모르죠. 순리에 따르지 않고 억지로 하려고 하니 이별에 이른 것입니다. 흔히 연애를 하면 밀고 당기기를 잘하라고 하죠. 이거야말로 순리를 거스르는 억지입니다. 연애를 하면 감정이 자연스럽게 오고 갑니다. 감정을 주고받다 보면 밀당은 자연스럽게 벌어지는 현상입니다. 어떤 연인들은 밀당을 전혀 안 하기도 합니다. 그런데도 자신이 주도권을 잡겠다는 의도로 억지로 밀당을 할 경우 반드시 문제가 생깁니다. 당장은 효과가 좋을지 몰라도 언젠가는 갈등을 일으킵니다. 순리를 거스른 억지는 연애를 깨는 지름길이죠.

제가 순리에 어긋나게 행동해서 헤어졌다니 반성합니다. 지금 생각해보니 친구들의 충고가 대부분 억지스러웠습니다. 저와 여자 친구에게 전혀 어울리지 않는, 순리에 어긋난 충고들 뿐이었습니다. 아직 여자 친구를 많이 좋아합니다. 다시 만나고 싶습니다. 헤어진 뒤로 가슴이 아프고 너무 힘들기 때문입니다.

사랑하는데 헤어졌으니 가슴이 아프죠. 슬픕니다. 그 고통 충분히 이해합니다. 그리고 다시 말하지만 억지로 되는 일은 없습니다. 억지로 다시 만나려고 해 봐야 제대로 되지도 않습니다. 오히려 상대에게 큰 상처를 주는 것일 수도 있습니다.

대표적인 범죄가 스토킹입니다. 자신은 사랑해서 그렇다고 하지만 억지입니다. 억지가 상대에겐 엄청난 상처를 주고 고통을 줍니다. 스토킹을 하는 스토커들은 자신이 범죄를 저지른다고 여기지 않습니다. 사랑한다고 합니다. 상대가 몰라줄 뿐이라고 하죠. 스토커들은 순리가 무엇인지 전혀 모릅니다. 억지 사랑은 사랑이 아닙니다. 억지 사랑은 상대를 향해 휘두르는 무서운 칼일 뿐입니다.

감정은 물처럼 흐릅니다. 나로부터 상대에게, 상대로부터 나에게로 감정이 물처럼 흐릅니다. 진정한 사랑은 감정의 흐름이 물처럼 자연스럽습니다. 그것을 억지로 흐르게 하면 어떻게 될까요?

'우사'라는 이가 죄를 받아 발을 잃었다. 친구가 깜짝 놀랐다.

"아이고 어찌 된 일인가? 도대체 어떻게 이런 일이?"

친구는 놀랍고 안타까웠지만 우사는 아무렇지 않게 말했다.

"놀라지 말게. 내가 벌을 받아 발 하나를 잃었으나 그건 사람이 한 일이 아니라 하늘이 한 일이네. 하늘이 나에게 한쪽 발만 지닌 채 태어나게 한 셈이네. 하늘이 나에게 한 쪽 발만 주었으니 내가 누구를 원망하겠는가? 하늘의 뜻이니 그저 받아들이면 그만이네."

'우사'는 참 놀라운 사람입니다. 아마 억울하게 벌을 받아 다리가 잘렸나 봅니다. 친구는 깜짝 놀랍니다. 안타까워합니다. 반면에 우사는 아무렇지도 않습니다. 다리가 잘린 벌을 받고도 그것을 하늘이 처음부터 발 한 개만 주었다는 식으로 말합니다. 하늘이 내 몸에 발 하나만 주었으니 원망할 일이 무엇이냐고 되묻습니다. 하늘의 뜻을 받아들이며 편안해 합니다.

흔히 고통이 찾아오거나 힘든 일이 오면 누군가를 원망합니다. 고통스러워하고 힘겨워합니다. 장자는 그 고통을 받아들이라고 말합니다. 잘린 발을 다시 붙일 방법도 없는데 슬퍼하고 괴로워해 봐야 아무 소용이 없습니다. 마음만 아플 뿐이죠. 하늘의 뜻으로 알고 받아들이면 고통이 사라집니다. 발이 하나인 상태로 인생을 참되게 살아가고자 합니다.

제가 우사의 이야기를 들려준 이유는 여자 친구와 헤어진 일도 순리로 여기고 받아들일 줄 알아야 한다는 말을 하고 싶어서입니다. 인연이 닿으면 다시 만날 테고, 인연이 다 했다면 아무리 억지로 노력한다고 해도 헤어집니다. 진정 사랑한다면, 진짜 인연이라면 기회는 다시 옵니다. 그때는 순리에 어긋나지 않게 사랑하십시오. 그러면 충분합니다.

 사람이 태어난 것은 태어날 때를 만났기 때문이며, 사람이 세상을 떠나는 것은 떠나야 할 때가 되었기 때문이다.

장자는 삶과 죽음도 그대로 받아들이라고 말합니다. 생사를 거스르지 말라고 합니다. 삶과 죽음을 억지로 거부하지 말라고 합니다. 순리대로 살고, 바꿀 수 없는 운명을 받아들이라고 말합니다. 죽음도 아무렇지 않게 여깁니다. 삶과 죽음도 그러한데 연애야 더 말해서 무엇하겠습니까?

04

공부만 하라는 부모님이 원망스러워요

남의 뜻이 아닌 나의 뜻으로 산다 : 인간세人間世

부모님은 공부밖에 모르십니다. 오로지 공부, 공부, 공부입니다. 학원에 다니느라 친구들과 놀 시간도 없습니다. 성적이 떨어졌다고, 숙제 안 했다고, 게으르다고 야단만 치십니다. 간혹, 공부 때문에 매를 맞기도 했습니다. 공부는 해야 하지만, 공부를 이유로 부모님이 저를 심하게 야단치고 때리기까지 하는 건 정말 부당하다고 생각합니다. 장자는 순리를 따르라고 하는데 부모님의 부당한 요구까지 묵묵히 따라야 하는 걸까요? 그 상대가 부모님이든 선생님이든 부당한 일이 벌어지면 저항하고, 고치려고 노력해야 하지 않나요?

대한민국 곳곳에서 벌어지는 가슴 아픈 비극입니다. 도대체 공부가 뭐기에 이토록 학생들을 불행하게 만들까요? 공부가 목적인지, 행복한 삶이 목적인지 모르겠습니다. 우리나라 청소년의 자살 이유는 대부분 공부입니다.

『죽은 시인의 사회』에서 자신이 간절히 원하던 꿈을 아버지에게 짓밟힌 자식이 자살하고 맙니다. 그런데도 그 아버지는 자식의 자살 이유가 자신에게 있다는 것조차 모릅니다. 『죽은 시인의 사회』를 보며 그 아버지에게 분노가 치밀었던 기억이 생생합니다.

저는 체벌은 반대하지만 자식을 훈육할 때는 어쩔 수 없이 체벌이 필요할 때도 있다고 봅니다. 이대로 크면 세상에 큰 해(害)를 끼치는 사람이 될 우려가 크다면, 때리는 방법 외에는 없다면, 때려서라도 인간으로 만들어야 합니다. 그래야 남에게 해를 끼치는 사람으로 크지 않습니다.

제 아버지가 저를 딱 한 번 심하게 매를 때리셨습니다. 돈을 훔쳤을 때입니다. 정말 죽도록 맞았습니다. 엉엉 울면서 도망치며 맞았습니다. 어머니가 보호해 주지 않았다면 훨씬 심하게 맞았을 테지요. 그 뒤로 돈을 훔치고 싶은 마음이 들 때마다 매 맞은 기억이 저를 붙잡았습니다. 아주 정직하게 살지는 않았지만 아버지가 그리하셨기에 크게 나쁜 길로 빠지지 않고 살았다고 생각합니다. 나쁜 길로 빠지려는 저를 심한 매로 다스려 준 아버지께 늦게나마 진심으로 고마움을 전합니다.

저는 공부를 이유로, 공부를 못한다는 이유로 부모가 자식을 야단치고, 때리는 것은 결단코 반대합니다. 그것은 인격이나 바르게 사는 것과는 관계가 없기 때문입니다. 요즘 부모님들은 인격이 잘못된 행동은 크게 야단치지 않으면서, 공부와 관련된 일에만 화를 냅니다. 선생님들도 비슷합니다. 성적과 인격이 비례하지 않는다는 걸 알면서도 마치 비례하는 듯 학생들을 대합니다.

인격이 덜 된 아이가 공부를 잘하면 세상에 큰 해를 끼칩니다. 인격이 덜 된 사람은 공부를 못하는 게 더 낫습니다. 인격은 키우지 않고 공부만 하라고 다그치는 행위는 세상에 큰 해를 끼칠 악인을 내보내는 꼴입니다. 그것이 얼마나 나쁜 짓인지 모르는 어른들이 많은 듯하여 안타깝습니다. 인격이 안 되는 천재들이 벌인 잔혹한 짓이 얼마나 많았나요? 우리나라를 일본에 팔아먹은 매국노들, 2차대전을 벌인 히틀러와 그 무리들도 모두 인격이 파괴된 천재들이었습니다.

 진실에 어긋나는 말이 다툼의 씨앗이다.

진실에 어긋나는 말은 다툼의 원인이 됩니다. 공부를 다그치는 부모의 말이 자식의 가슴 속에 화를 만들어낸다면 부모의 말은 진실이 아닙니다. 진실로 옳은 가르침이라면 받아들이기 힘들지 몰라도 분노를 일으키지는 않습니다.

『장자』를 읽다 보면 순리에 따르라는 말이 곳곳에 등장합니다. 무조건 '순응'하라고 하니 반발심이 생기기도 합니다. '순리를 따르라'

와 '무조건 복종하라'가 언뜻 비슷하기도 합니다. 그러나 '순리에 따르기'와 '무조건 복종'은 완전히 다릅니다. '순리'는 옳은 길입니다. 장자의 표현을 빌리면 도(道)입니다. 장자는 도(道)가 아니면 가지 말라고 합니다. '무조건 복종'은 순리가 아님에도 따르라는 요구입니다. 장자는 순리가 아닌 길은 거부합니다. 장자 자신도 임금이 가장 높은 벼슬을 준다고 했지만 따르지 않고 거절합니다.

부당한 일을 당할 때 순리에 따르면서 해결하려면 어떻게 해야 할까요? 정말 옳지 못하게 여겨지는 일들을 바로잡으려면 어떻게 해야 할까요? 이 문제로 『장자』에서 공자와 안회가 대화를 나눕니다.

잠깐, 장자에 웬 공자냐고요? 그러게요. 공자는 '유가사상'—흔히 유교라고 합니다. 충효를 강조하는 사상으로 공자와 맹자가 유명합니다.—이고, 장자는 유가사상을 비판한 '도가사상'으로 서로 전혀 다른데 공자가 장자에 여러 번 등장합니다. 장자에 나오는 공자는 실제 공자인 경우도 있지만, 대부분 『장자』에 나오는 공자는 장자가 자기 이야기를 하기 위해 일부러 등장인물로 택한 것으로 여기면 됩니다. 앞으로 『장자』에 '공자'라는 인물이 여러 번 등장할 텐데 이점을 기억하고 오해 없기를 바랍니다.

대화가 아주 길게 이어지므로 모두 소개하기는 어려우니 공자와 안회가 나누는 대화를 간단하게 정리해서 소개합니다.

 안회 위나라 왕은 정말 나쁩니다. 선생님께서 말씀하시길 '잘 다스리는 나라에는 할 일이 없지만, 어지러운 나라에는 할 일이 많다'고 하셨습니다. 저는 선생님의 말씀에 따라 위나라의 어지러움을 바로잡기 위해 위나라로 떠나려고 합니다.

공자 가면 너는 죽는다. 성인은 자신이 먼저 도(道)를 이룬 뒤에 남을 이끌었다. 너는 나쁜 위나라 왕을 바른 길로 이끌만한 도(道)를 이루지 못했다. 네가 옳다고 여기는 태도나 정책을 위나라 왕에게 알려주면 왕은 화를 내며 너를 죽일 게 분명하다.

안회 저는 명예도 이익도 중요하지 않습니다. 오직 올바른 길을 위해서만 노력하겠습니다. 그러면 되지 않겠습니까?

공자 위나라 왕은 폭군이다. 위나라 왕은 네가 어떻게 하든 자신을 고치려 하지 않을 것이다. 겉으로는 고치는 듯 보이더라도 진심으로 반성하지는 않을 것이다.

안회 겉으로는 왕을 거스르지 않고, 충고가 필요하면 옛사람의 말을 빌어서 제 뜻을 전달하면 되지 않을까요?

공자 그런 방법을 쓰면 네가 해를 입지는 않지만 위나라 왕은 아무런 변화도 없을 것이다. 네가 그렇게 억지로 머리를 쓰며 살면 얼마나 골치가 아프겠느냐? 억지로 해서는 아무런 성취도 없다.

위나라 왕은 폭군입니다. 안회는 자신이 필요한 곳에 가서 나쁜 왕을 바르게 이끌고 싶어 합니다. 공자는 가면 죽는다고 말합니다. 안회는 명예와 이익에 얽매이지 않으면 괜찮지 않겠냐고 말합니다. 욕심을 버리고, 이름 얻기를 바라지 않으면 위나라 왕에게 해를 입을 일도 없고, 위나라 왕을 바른 길로 이끌 것이라고 믿습니다. 공자는 그 방법

도 효과가 없을 것이라고 합니다. 위나라 왕이 겉으로는 따르는 척 해
도 결코 변하지 않을 것이라면서요. 그러자 안회는 마지막으로 겉으로
는 왕을 따르는 척하지만, 충고가 필요할 때는 자기 입이 아니라 '옛
이야기'를 해주는 방식으로 위나라 왕을 바른 길로 이끌겠다고 합니
다. 공자는 그러면 해는 입지 않겠지만 위나라 왕은 절대 바뀌지 않을
것이라고 말합니다.

안회가 말한 방법은 정말 좋습니다. 현대인들이 상식으로 여기는
방법입니다. 자기 이익을 버리고, 명예도 바라지 않으며, 상대가 기분
나쁘지 않게 충고하는 방법은 보통 사람들의 상식입니다. 공자(겉은 공
자지만 실제 화자는 '장자'입니다.)는 나쁜 왕에게는 상식이 통하지 않는다고
가르칩니다. 그럼 도대체 어떤 방법을 써야 할까요? 백성에게 큰 피해
를 주는 나쁜 왕을 바른 길로 이끌려면 어떻게 해야 할까요?

의식적으로 무언가를 하려고 하지 마라. 너 자신을 버려라. 방
이 빌수록 빛이 가득 차고, 마음이 빌수록 도(道)가 가득하다.

비울수록 가득 찬다! 놀라운 말입니다. 진리입니다. 비우지 않으
면 채울 수 없습니다. 새로운 책을 얻으려면 책장을 비워야 합니다. 새
로운 관계를 맺으려면 인간관계를 비워야 합니다. 빈 병에만 물을 채
울 수 있습니다. 가득 찬 병에는 새로운 물을 담지 못합니다. 안회는
무언가 하려는 의지로 가득합니다. 어떻게든 위나라 왕을 바꾸겠다는
신념으로 가득합니다. 자기 목숨이 위협받는 상황도 마다하지 않습니

다. 훌륭합니다. 그러나 바로 그 이유 때문에 실패할 가능성이 높습니다. 어떻게든 위나라 왕을 바꾸겠다는 의지가 억지 방법을 쓰게 만들고, 그로 인해 위나라 왕의 미움을 사서 위기에 처하게 되는 것이죠.

흔히 우리는 강한 신념으로 일을 추진하라고 말합니다. 꺾이지 않는 믿음으로, 내가 할 수 있다는 신념으로 노력하면 불가능한 일이 없다고 믿습니다. 그것이 성답이라고 가르칩니다. 장자는 반대로 말합니다. 그건 억지라고, 억지로 목표를 달성하려 하면 부작용이 날 가능성이 높다고 지적합니다.

자신을 보세요. 강한 의지와 신념으로 무언가를 하면 될 거라 믿고 했을 때 정말 되는 경우가 많던가요? 아니면 잠깐은 될지 몰라도 길게 보면 실패하던가요? 우리가 강한 신념을 바탕으로 목표를 잡을 경우, 자신이 이루기에 굉장히 어려운 목표를 세울 때가 많습니다. 이루기 어려운 목표를 단지 의지와 노력만으로 이루려고 하면 무리가 따릅니다. 좌절이 찾아오죠. 스트레스도 많이 받습니다. 그래서 결국 실패합니다. 그렇다고 신념대로 살지 말라거나 노력하지 말라는 말은 아닙니다. 다만 순리대로 하지 않고 억지로 하려고 하지 말라는 것입니다. 자연스럽게 이룰 만한 일이면 억지로 하지 않고, 재미있게, 즐기면서, 적절하게 노력하기만 해도 목표에 도달합니다. 그것이 순리입니다.

 당나귀는 수레가 다가오면 앞발을 쳐들고 맞서려 한다. 당해내지 못할 게 뻔한데도 자기 능력을 지나치게 믿은 탓에 무리하게 맞서다가 결국 죽는다. 호랑이를 길들이려 할 때 호랑이의 성질을 거스르면 호랑이에게 잡아먹힌다. 호랑이를 길들이려면 산 생명을 주지 않아야 한다. 산 먹이를 주면 살기(殺氣)를 잃지 않기 때문이다. 호랑이를 길들이려면 호랑이의 식성에 따라 음식을 조절하여 호랑이의 살기가 자연스럽게 사라지게 해야 한다.

나쁜 사람을 바꿀 때도 마찬가집니다. 상대를 바꾸려고 억지로 시도하기보다 자연스럽게 바람직한 삶을 보여주면 됩니다. 가장 좋은 교육은 삶이라고 합니다. 교육은 교실이 아니라 보고 배우는 삶에서 훨씬 더 많이 이뤄집니다. 정직하라고 백번 떠들기보다 정직한 삶을 보여줄 때 제대로 배웁니다. 남을 도와주라고 백번 떠들기보다 남을 도와주는 삶을 실제로 보여줄 때 봉사를 제대로 배웁니다.

부모님은 공부로 야단치지 않아야 합니다. 옳지 않습니다. 부모님이 바뀌어야 합니다. 그러나 여러분이 반항한다 해서 부모님이 바뀔까요? 안 바뀝니다. 그럼 어떻게 해야 할까요? 유일한 방법은 보여주기입니다. 일상생활에서 보여줘야 합니다. 자연스런 삶을 통해 그게 옳지 않다는 사실을 알려주어야 합니다. 물론 쉽지 않습니다. 부모님은 강하고, 여러분은 약하기 때문입니다. 그럼에도 말이 아니라 행동으로 보여주어야 합니다. 억울하거나 부당한 일을 당하면 억지로 설득하려 하지 말고 자연스런 기회를 얻어 차근차근 말해야 합니다. 언성을 높이지 말고 담백하게 자기 느낌이나 의견을 전해야 합니다.

'허실생백(虛室生白)', 빈 방일수록 빛이 가득 찹니다. 자기를 비울수록 성취도 많습니다. 자연스러울 때 상대도 변합니다. 억지 말이 아니라 자연스런 대화 속에서 오해가 풀리고, 설득이 일어납니다. 순리에 따라야 합니다. 장자의 가르침입니다.

허실생백(虛室生白), 빈 방일수록 빛이 가득 찬다는 가르침이 많이 와 닿습니다. 그렇지만 노력을 하지 말라니 당황스럽습니다. 잔소리를 듣기는 싫지만 열심히 공부해야 한다는 것은 저도 알기 때문입니다. 제 실력이 많이 부족하니까요. 세상에 쓸모 있는 사람이 되기 위해 저도 노력합니다. 노력은 성공의 어머니라고 하는데 그게 아니라는 말씀인데, 솔직히 혼란스럽습니다.

성공이 좋은 건가요? 성공은 행복을 선물해 주나요? 실패면 불행인가요? 고정관념에 따라 무조건 답하지 말고 한 번 자기 경험을 가만히 떠올려 보세요. 성취와 행복이 크게 연관이 없지 않았나요? 성공이 행복을 준다 해도 잠시일 뿐입니다. 잠시 행복하지만 일상으로 돌아가면 또다시 목표를 향해 노력해야 합니다. 하나의 성공이 모든 긴장을 없애주지 못합니다. 성공과 실패에 얽매이는 한 긴장은 사라지지 않습니다.

보통 사람은 책임을 맡은 일이 실패하면 처벌을 받거나 손해를 입는다. 어려움을 이겨내고 성공을 해도 마음이 가볍지 않다. 보통 사람은 일이 성공하든 실패하든 편안하지 못하다. 도(道)를 이룬 사람은 일이 성공하든 실패하든 상관없이 늘 편안하다.

장자가 한 말을 바로 이해하겠죠? 마음의 평안은 성공과 실패가 아니라 마음을 다루는 힘에 달렸습니다. 우리가 10대에 진짜 배워야 할 능력은 누군가의 쓸모를 위하는 공부가 아니라 '자기 마음을 다루는 힘'을 기르는 공부입니다.

쓸모 있는 사람, 즉 성공하는 사람이 되고자 하는 노력에 대해서도 장자는 보통 사람의 상식과는 전혀 다른 의견을 폅니다.

'석'이란 목수가 제나라를 여행했다. 도중에 엄청나게 큰 나무를 만났다. 나무 그늘 밑에 몇 천 명이 쉴 정도였다. 많은 사람들이 나무를 구경하려고 찾아들었다. 그러나 석은 그 나무를 거들떠보지도 않았다. 석을 따르던 제자들이 석에게 물었다.

"선생님은 이렇게 훌륭한 나무를 왜 거들떠보지도 않으십니까?"

"그 나무는 아무 쓸모가 없다. 배를 만들면 가라앉고, 가구를 만들면 부서지고, 문짝을 만들지도 못하고, 기둥을 만들기도 어렵다. 아무 짝에 쓸모가 없이 그저 크기만 하다. 수천 명이 쉴 정도로 크게 자란 건 아무런 쓸모가 없었기 때문이다."

석의 비판이 날카롭습니다. 저도 얼핏 읽었을 땐 석의 비판에 동의했습니다. 하지만 잠시 생각해보니 '쓸모가 왜 필요하지?' 하는 의문이 들더군요. 아니나 다를까 곧바로 그 나무가 석의 꿈에 나타나 반박을 합니다.

네가 말한 쓸모란 인간을 위한 것일 뿐이다. 사과, 배, 감나무와 같은 유실수는 인간에게 큰 도움이 되나, 과일을 따기 위해 인간들이 가지를 상하게 하고, 과일을 맺지 못하면 베어버린다. 소나무, 전나무, 뽕나무 등 인간에게 쓸모가 많은 나무는 타고난 생명을 다하지 못하고 죽는 경우가 많다. 모두 인간이 자기 쓸모를 위해 베어버리기 때문이다. 수많은 나무들이 자신이 지닌 쓸모 때문에 죽임을 당했다. 난 쓸모없는 나무가 되기 위해 끊임없이 노력했기에 다른 나무와 달리 죽지 않고 지금까지 살아남았다. 인간은 쓸모 있는 재주를 지니려고 노력하다가 결국 자신을 망치는 경우가 많다. 쓸모 있게 되기 위해 자기 생명을 갉아먹는 인간이야말로 정말 쓸모 없는 짓을 하는 셈이다.

수 천 년을 산 나무는 쓸모가 없습니다. 인간이 이용할 만한 가치가 전혀 없습니다. 그러다 보니 다른 나무와 달리 수 천 년을 살았습니다. 자기 목숨을 충분히 누렸습니다. 반면에 쓸모가 많은 나무는 오래 살지 못하고 죽습니다. 그것이 이치입니다.

인간은 쓸모 많은 일꾼으로 자라기 위해 수없이 많은 애를 씁니다. 그게 당연하다고 받아들입니다. 성공을 위해, 사회에 이익이 되는 사람이 되기 위해 자신을 해치면서까지 애를 씁니다. 장자는 사람들이 너무나 당연하다고 여기는 신념이 얼마나 자신을 해치는지 지적합니다.

다른 사람의 쓸모가 내 쓸모일까요? 다른 사람에게 쓸모없는 것이 내게도 쓸모가 없을까요? 진정한 자신을 잃어버린 채 누군가의 쓸모만을 위해 사는 삶이야말로 비극입니다. 자신을 잃어버리고 남을 위해 사는 삶은 아무리 성취가 높아도 불행합니다. 부모님들은 흔히 '다너희를 위해 공부하라는 거야' 하고 말씀하십니다. 이런 말을 하는 부모님들을 잘 살펴보면 자신의 욕심을 채우기 위한 경우가 많습니다. 부모님이 뜻하는 대로 살기 위해, 부모님이 원하는 대로 되기 위해 자신이 하기도 싫은 공부를 하는 게 과연 옳은 삶일까요? 그렇게 해서 부모님이 원하는 삶을 살고, 원하는 직업을 얻으면 행복할까요? 누군가의 쓸모가 되기 위해 열심히 산 결과가 자신의 행복으로 이어지는지 깊이 고민해 보시기 바랍니다.

장자에 나오는 가죽나무는 남의 쓸모가 아니라 자기 쓸모를 위해 살라고 말합니다. 자신을 희생시켜서 남의 쓸모를 위한 재능을 키우는데 애쓰지 말고, 자신에게 진정으로 쓸모 있는 능력을 기르는 데 힘을 기울이라는 충고를 던집니다. 방향이 잘못되면 속도는 의미가 없습니다. 올바른 방향을 잡을 때 속도도 의미가 있습니다. 남이 아니라 나를 위해 자신의 에너지를 쏟으시기 바랍니다. 물론 자연스럽게~.

05

저는 키도 작고 얼굴도 못생겼어요

남이 아니라 내 시선이 문제다 : 덕충부德充符

저는 아주 못생겼습니다. 키도 아주 작습니다. 완전 실패한 몸입니다. 그래서 스트레스입니다. 자신감도 없습니다. 물론 외모가 전부는 아니라고 속으로 몇 번이나 되뇌면서 자신감을 키워보려 하지만 거울을 볼 때마다 좌절합니다. 이렇게 낳아준 부모님을 원망한 적도 많습니다. 자신감이 부족하다 보니 친구도 제대로 사귀지 못합니다. 어릴 때는 키 작다고, 못생겼다고 놀림도 많이 받았습니다. 외모 콤플렉스에서 빠져 나오고 싶지만 세상과 거울이 방해합니다.

외모 콤플렉스에서 빠져나오고 싶지만 '세상과 거울이 방해한다'는 고백이 가슴 아프게 들립니다. 우리 사회가 참 문제입니다. 온통 외모만 최고라고 여기는 분위기니까요. 외모가 중요하지 않다는 말은 상식이지만, 현실은 외모가 직업이나 지위까지도 결정합니다. 옛날에는 타고난 계급이 지위와 부를 결정했고, 요즘은 외모가 지위와 성공을 결정하는 기준이 되고 있습니다.

'루키즘'은 외모가 지위와 부를 결정하는 현상을 일컫는 말입니다. 외모만 최고라고 여기고 외모로 모든 것을 결정하려는 경향이 '외모지상주의'입니다. 잘생기고, 예쁘고, 키 크고, 늘씬하면 대접받고 그렇지 못하면 찌질이 취급을 받습니다. 대한민국의 성형수술 기술이 세계 최고 수준이라고 하는데, 이는 다른 말로 하면 세계에서 성형수술 욕구가 가장 높다는 뜻입니다. 얼마나 외모를 중요하게 여기는 사회면 세계 최고 수준의 성형수술 기술이 발전했겠습니까?

사회 분위기가 외모를 중요하게 여기다 보니 거울을 보며 자신의 키를 재며 한숨을 쉬고, 주눅이 드는 사람 천지입니다. 외모가 못나면 자신감이 낮아지고 자아가 비뚤어지게 자라납니다. 안타깝지만 많은 이들이 겉으로 보이는 외모를 자신의 인격과 동일하게 여깁니다. 자기 내면에 자리잡은 외모 콤플렉스는 외부의 시선보다 더 큰 고통을 자신에게 안겨 줍니다.

'왕태'는 한 쪽 다리를 잃은 장애인인데, 제자들이 공자 못지않게 많았다. 공자의 제자인 '상계'는 장애인인 왕태가 공자 못지않게 존경받고, 따르는 제자가 많은 이유를 알지 못했다. 그래서 스승인 공자에게 질문을 던지자 공자는 '왕태'가 어떤 사람인지 알려준다.

"보통 사람은 살고 죽는 문제를 크게 여기나 왕태는 삶과 죽음을 아무렇지도 않게 받아들인다. 세상이 뒤집혀도 눈 하나 깜짝하지 않을 사람이다. 왕태는 세상 만물이 모두 하나임을 깨달았다. 왕태는 두려움이 없으며, 무엇을 하든 어떤 거리낌도 없다. 왕태는 세상 사람들의 평가나 인정 따위엔 신경 쓰지 않는다. 왕태는 자기에게 발 하나 없어도 아무렇지도 않으며, 발 하나 잃은 걸 그저 흙 한 줌 버리는 정도로만 여긴다. 그렇기에 세상 사람들이 왕태를 따른다."

왕태가 장애인이란 사실에 주목해 보세요. 오늘날에도 장애인에 대한 편견은 심하지만, 2500여 년 전 중국에서 장애인을 어떻게 봤을지는 뻔합니다. 아마 같은 인간으로 취급하지도 않았겠죠. 왕태는 장애인입니다. 당시 분위기로 보면 짐승 취급을 받아야 마땅한 사람입니다.

삶과 죽음을 넘어서고, 세상이 뒤집혀도 눈 하나 꿈쩍하지 않고, 사람들의 평가나 인정에 얽매이지 않으며, 발을 잃어도 마치 흙 한 줌 버리는 정도로만 여기는 사람, 그런 사람이 왕태입니다. 장애인이라는 겉모습이 왕태에게는 아무런 영향도 끼치지 못합니다. 제자들도 왕태를 보며 사람의 겉모습이 의미가 없다는 걸 깨닫습니다.

사지 멀쩡한 몸으로 살다가 어느 날 갑자기 다리 하나를 잃었다고 가정해 보세요. 어떤 기분이 들까요? 모든 걸 잃어버리는 기분이 들지도 모릅니다. 지켜보는 사람은 또 얼마나 안타깝고 힘들까요? 실제로 장애인 10명 가운데 9명은 살다가 장애를 입는다고 합니다. 우리는 누구나 장애인이 될 가능성을 안고 삽니다.

　왕태도 마찬가지였습니다. 사지 멀쩡하게 살다가 한 쪽 다리를 잃었습니다. 비장애인에서 장애인이 되었습니다. 보통 사람들은 너무 힘들어하고 괴로워하겠지만, 왕태는 다리 하나 잃어버린 걸 흙 한 줌 버린 걸로 여깁니다. 긴 손톱을 깎아서 버리는 수준으로 잃어버린 다리를 취급합니다. 정말 대단한 사람이죠. 그 정도 되니 제자들이 줄을 서서 따르겠죠. 나아가 삶과 죽음도 넘어서고, 만물이 하나임을 깨달은 경지에 이른 왕태이고 보니, 주위에 왕태를 보고 배우겠다는 제자들이 많지 않으면 도리어 이상하겠죠.

　『장자』에 나온 다른 장애인 얘기를 해보겠습니다. '신도가'는 장애인입니다. '자산'은 '신도가'와 함께 한 스승 밑에서 배우는 친구입니다. 그런데 자산은 신도가를 꺼려합니다. 당시 장애인을 인간 취급 안 했다고 했죠? 자산도 마찬가지였습니다. 신도가를 엄청나게 무시했습니다. 계속 무시를 당하던 신도가가 어느 날 자산을 따끔하게 비판합니다.

　멀쩡하게 살다가 장애가 생기면 그것을 받아들이기 힘들다. 덕이 높은 사람만이 자신에게 주어진 시련을 아무렇지 않게 받아들인다. 살다 보면 불행이 닥치기도 한다. 누구에게 불행이 닥칠지는 아무도 모른다. 불행이 닥치면 그저 받아들일 뿐이다.

　어떤 사람은 자기 두 발이 멀쩡하다고 장애인인 나를 무시한다. 그러나 스승님은 다르다. 평소에 장애인이란 생각으로 힘들어하다가도 스승님 앞에만 가면 내가 장애인이란 사실조차 잊는다. 스승님이 맑은 마음으로 나를 대하니 나도 내 몸을 겉이 아니라 맑은 마음으로 대하게 된다. 스승님에게 가르침을 얻은 뒤로 난 한 번도 내가 장애인이란 사실을 느끼지 못했다. 그런데 같은 스승님을 모시는 당신이 나를 겉모습만으로 무시하다니 큰 잘못이 아닌가?

신도가가 자산을 나무라며 한 논리를 정리하면 다음 두 가지입니다.

첫째, 자신은 덕이 높기 때문에 장애를 아무렇지 않게 받아들인다고 말합니다. 보통 사람은 시련이 닥치면 힘들어 하지만, 자기처럼 인격이 높은 사람은 자기 몸에 닥친 장애라는 시련쯤이야 아무렇지 않게 받아들인다고 말하죠. '그저 하늘이 주신 몸이니 감사히 받겠습니다' 하는 마음뿐입니다. 신도가의 논리에 따르면 평소에 장애를 이유로 신도가를 놀린 자산이 도리어 못난 사람이 됩니다.

둘째, 스승님은 장애인이란 사실조차 잊게 만드는데, 자산은 장애를 이유로 구박을 하니 자산이 제대로 배우지 못했다고 나무랍니다. 신도가의 스승은 사람을 외모로 평가하지 않습니다. 있는 그대로 대합니다. 신도가는 자신을 존중해주는 스승을 통해 자기를 존중하는 법을 배웁니다. 그러나 자산은 훌륭한 스승을 모시고도 제대로 배우지 못했습니다. 신도가는 자산이 스승님의 가르침을 제대로 배우지 못했다고 나무랍니다. 졸지에 자산은 아주 못된 제자가 되어 버렸습니다.

겉으로는 신도가가 장애인이고 자산이 비장애인입니다. 그러나 신도가는 자신의 장애를 아무렇지 않게 받아들이는 큰 사람이고, 자산은 남의 몸의 장애를 깔보는 작은 사람입니다. 신도가는 사람을 외모로 대하지 않는 스승님의 가르침을 제대로 배운 큰 사람이고, 자산은 스승님의 가르침을 제대로 배우지 못한 제자입니다. 신도가는 훌륭한 사람이고, 자산은 형편없는 사람입니다.

장애를 지닌 사람, 얼굴이 못생기거나, 키가 작은 사람이 못난 사람이 아닙니다. 외모만 보고 사람을 낮추어 보는 이들이야말로 못났습니다. 자신이 다른 사람에 견줘 외모가 못났더라도 그것을 순리로 받아들이고 인격을 갈고 닦으면 신도가처럼 큰 사람이 됩니다.

어쩌면 못난 외모는 더 큰 사람이 되라는 시련인지도 모릅니다. 못난 외모를 이유로 콤플렉스에 빠지면 진짜로 못난 사람이 되지만, 못난 외모를 아무렇지 않게 받아들이고 당당한 삶을 꾸리면 큰 사람으로 탈바꿈합니다. 그래서 못난 외모는 하늘이 주신 더 큰 기회거나, 하늘이 준 특별한 사랑이 아닐까요?

못생긴 외모를 이유로 콤플렉스에 빠지면 진짜 못난 사람이 되지만, 못생긴 외모를 받아들이고 당당한 삶을 꾸리면 큰 사람이 된다는 말에 공감합니다. 못난 외모가 하늘이 주신 큰 시련이란 말에 위로를 받습니다. 그런데 제 자신을 당당하게 여기는 거야 스스로 하면 되지만, 사회는 그렇지 않습니다. '루키즘', '외모 지상주의'가 너무 막강합니다. 못생기면 취직도, 결혼도 힘든 세상이잖아요.

현실은 만만치 않습니다. 홀로 내면의 힘을 키워 현실을 극복하기란 말처럼 쉽지는 않습니다. 사회를 바꿔야지요. 사람을 겉으로만 평가하는 사회 풍토를 바꾸기 위한 노력이 필요합니다. 겉으로만 평가하는 이들은 순리를 거부하는 사람들입니다. 순리에 따르는 사람들은 외모로 사람을 판단하지 않습니다. 그리고 사회가 아무리 외모를 중요하게 여겨도 어떤 사람이 진실로 훌륭한 사람이라면 다른 사람들도 그것을 알아줄 것입니다.

위나라에 사는 '애태타'는 지극히 못생겼다. 재산도 없고, 천하에 없는 추남인데다, 신념도 없고 지식도 짧다. 그럼에도 모두들 그를 좋아하고 사귀고 싶어서 안달이다. 위나라 왕은 애태타를 만난지 몇 달도 되지 않아 호감이 생겼고, 1년 만에 진심으로 신뢰를 하게 되어 큰 벼슬을 내리려 했으나 애태타는 벼슬에 전혀 관심을 두지 않았다. 애태타는 자기 의견을 내세우지 않아도 남이 믿으며, 별다른 공을 세우지 않아도 왕이 나라를 맡기고 싶어서 안달이며, 제발 벼슬을 맡아달라고 부탁할 정도다. 이런 일이 벌어지는 이유는 애태타가 온전한 재능을 지녔기 때문이다.

애태타는 세상 만물의 인과관계와 변화는 인간의 힘으로는 모두 알 도리가 없음을 받아들이고, 변화에 마음이 흔들리지 않고 모든 것을 순리로 받아들이며, 즐거운 마음으로 세상을 대한다. 이것이 바로 온전한 재능이며, 사람들이 애태타를 신뢰하고 사귀고 싶은 이유다.

앞서 소개한 왕태와 마찬가지로 못생긴 애태타도 따르려는 사람들이 줄을 섰습니다. 심지어 왕까지 큰 벼슬을 내리려고 합니다. 왜냐하면 애태타가 대단한 사람이기 때문입니다. 애태타는 순리를 따르며 삽니다. 온갖 변화에 마음이 흔들리지 않고 즐거운 마음으로 세상을 대합니다. '온전한 재능'을 갖추었습니다. 사람들은 애태타의 외모가 아니라 그가 지닌 '온전한 재능'에 끌립니다.

외모가 자신 없나요? 그럼 진짜 재능, 온전한 재능을 기르십시오. 인격의 향기가 짙은 사람은 반드시 알아주는 사람이 있습니다. 타인의 사랑을 받으려면 자신부터 사랑해야 한다고 말합니다. 자신을 사랑하지 않으면 다른 사람도 자신을 사랑해주지 않기 때문입니다. 자신이 자신을 신뢰하지 않으면, 타인도 자신을 신뢰하지 않습니다. 외모 때문에 자신을 무시하는 사람들을 탓하기 전에, 스스로를 들여다보기 바랍니다.

남이 뭐라 하든, 내가 나를 존중하면 나는 존중받는 사람입니다. 나를 가장 귀한 사람으로 만드는 방법은 내가 나를 귀하게 여기는 것입니다. 외부의 변화, 외부의 시선에 얽매이지 않고 자기 자신의 본성대로 사는 삶, 장자는 이런 삶이 최고라고 말합니다.

쓸데없는 걱정이 많아요

자유로운 삶이 두려움을 잊게 한다 : 대종사大宗師

저는 좀비 영화나 웹툰을 좋아하면서도 무서워합니다. 가끔씩 현실에서 좀비가 나타나면 어쩌나 싶어 두려움에 떨기도 합니다. 공포 영화는 별로 무섭지 않은데 유독 좀비가 무섭습니다. 또 한 가지, 지구 멸망을 다룬 영화를 보면 괜시리 걱정됩니다. 알지도 못하는 사이에 지구에 운석이 떨어지거나, 지각 변동이 일어나서 세상이 멸망하면 어쩌나 싶어 밤에 잠이 들지 못하기도 합니다. 뉴스에 끔찍한 사건을 접하면 나도 저런 일을 당해서 죽으면 얼마나 무서울까 상상을 하기도 합니다. 죽음이란 저에게 늘 두려움과 무서움으로 다가옵니다.

죽음이 두렵지 않다면 거짓말이죠. 공포영화나 재난영화도 죽음이 두렵기 때문에 무섭습니다. 죽음을 두려워하지 않는 사람은 공포, 재난, 좀비, 귀신, 멸망 따위 얘기가 두려울 리 없습니다. 인간뿐 아니라 생명을 지닌 모든 존재는 죽음을 꺼려합니다. 죽으면 끝이니까요. 죽음을 앞두고 아무렇지 않게 자기 목숨을 내어 놓는 생명은 없습니다. 끝까지 살려고 하지요.

아주 먼 옛날 원시인들은 지금보다 두려움이 컸습니다. 인간보다 강한 맹수들이 너무 많았기 때문입니다. 어두워지면 활동하는 맹수들 때문에 밤도 두려웠습니다. 오스트랄로피테쿠스 이래 오랫동안 인간은 어둠과 맹수의 위협에 시달렸습니다. 생명이 원래 지닌 죽음에 대한 공포와, 수백만 년 동안 맹수와 어둠이 주는 위협으로 생긴 두려움이 합쳐져 생긴 '공포'와 '두려움'은 인간 내면 깊이 자리 잡았습니다. 공포와 두려움에서 벗어나기 위해 인간은 종교와 과학에 의존합니다. 종교로 마음을 위로하고, 과학으로 힘을 길러 혹 벌어질지 모를 위협에 대비합니다. 현대문명도 인간의 공포와 두려움이 빚어낸 결과물이랍니다.

인간이라면 누구나 느끼는 공포와 두려움의 원천이 죽음이기에 모두들 죽음을 두려워합니다. 그런데 장자는 다릅니다. 장자철학에는 죽음이 공포가 아니라 하나의 축복처럼 그려집니다.

실패해도 좌절하지 않으며 성공해도 자랑하지 않는다. 삶에 얽매이지 않고 죽음을 피하지 않는다. 세상에 태어났다고 기뻐하지 않고 죽는다고 슬퍼하지 않는다. 사람들은 삶에 너무 얽매인 나머지 삶을 유지하는 데 너무 큰 힘을 쓴다.

사람은 실패하면 힘들어하고, 성공하면 자랑합니다. 너무나 자연스럽게 보이는 태도인데, 장자는 그것이 삶에 얽매이기 때문에 나타나는 현상이라 말합니다. 실패해도 힘들어하지 않고, 성공해도 자랑하지 않기, 참 힘든 일이죠. 우리가 성공과 실패에 얽매여 있기 때문입니다. 성공을 하든 실패를 하든 상관없이 그냥 삶을 즐길 수 있다면 얼마나 좋을까요?

학생들은 시험 점수가 오르면 기쁘고, 점수가 떨어지면 슬퍼합니다. 주위 사람의 평가도 점수에 따라 움직입니다. 점수가 높으면 약간 버릇이 없어도 착한 학생이고, 점수가 낮은 데다 버릇까지 없으면 아주 못된 학생이 됩니다. 스마트폰 하나를 얻기 위해서도 성적을 올려야 합니다. 여러분들은 당연하다고 생각할지 모르겠지만 저는 다릅니다. 아들의 성적으로 인해 감정이 움직인 적이 없습니다.

시험 점수가 10점이어도 실망하지 않았고, 100점을 맞아도 기뻐하지 않았습니다. 어느 날 아들이 평소에 바닥을 기던 과목에서 100점을 맞은 뒤 자랑스럽게 내밀었습니다. 많은 칭찬을 기대하면서.

"내가 왜 이걸로 널 칭찬하고 인정해야 해?"

"다른 집은 다들 그런다는데?"

"시험은 네가 보는 거야. 네가 잘 보고 싶으면 열심히 공부하고, 중요하다고 여기지 않으면 안 봐도 상관없어. 시험은 오로지 네 책임이야. 네 일인데 내 인정이나 칭찬이 뭐가 중요해."

그 뒤로 아들은 한 번도 점수로 스트레스를 받지도, 기분이 왔다 갔다 하지도 않았습니다. 얽매이지 않으니 시험을 자유롭게 대했습니다. 삶에서 마주하는 수많은 성공과 실패도 마찬가지가 아닐까합니다. 무언가에 깊이 얽매일 때 실패가 좌절을 안기고, 성공이 자랑하고픈 마음을 만듭니다.

삶에 얽매이지 않으면 꼭 붙잡을 필요가 없습니다. 죽음을 피하기 위해 애쓸 필요가 없다는 뜻입니다. 물론 그것이 삶을 쉽게 포기하란 뜻은 아닙니다. 장자는 생명이 그 어떤 가치보다 귀하다고 봅니다. 자기 생명을 해치는 행위야말로 가장 순리에 어긋나는 짓으로 여깁니다.

삶에 얽매이지 않으면 다른 사람의 시선이나 인정도 중요하지 않고, 목표를 이루기 위해 삶을 맡기지도 않습니다. 삶이 자유롭습니다. 삶이 자유로우면 죽음에 대한 두려움도 사라집니다. 자유로운 삶은 죽음에 대한 공포를 사라지게 합니다.

아무 생각 없이 왔다가 아무 생각 없이 간다. 자신도 자연의 하나기에 죽음을 아무렇지 않게 받아들인다. 주어진 삶을 즐기다가 죽을 때가 되면 모두 버리고 자연으로 돌아간다. 낮과 밤이 바뀌듯 죽음과 삶도 하늘의 법칙이다. 인간의 모습을 하고 태어나 한평생을 살다가 늙어서는 마음 편히 죽어 영원한 휴식을 취하는 것이 인간이다. 삶을 사랑한다면 죽음도 사랑해야 한다.

보통 사람들은 죽음을 특별한 사건, 나와 동떨어진 일로 여기지만 죽음은 늘 우리 곁에 머뭅니다. 식탁에 오르는 고기와 생선, 야채와 채소는 인간에게 생명을 빼앗겼습니다. 인간은 다른 생명의 죽음을 먹고 삽니다. 호흡을 할 때마다 미생물과 바이러스가 우리 몸에 들어와 죽습니다. 밖에 나가기만 해도 온갖 벌레와 풀들의 죽음이 널려있습니다. 죽음은 생명과 늘 함께 합니다.

삶을 사랑한다면 죽음도 사랑하라! 꽃은 피면 지고, 계절은 계속 바뀌며, 지구는 끝없이 돕니다. 태어나면 자라고 늙고 죽습니다. 비가 오면 강물이 되어 흐르고 바다로 간 뒤에, 수증기가 되어 다시 하늘로 올라가 구름이 되고 비로 내립니다. 세상은 그치지 않고 움직입니다.

변하지 않는 건 없습니다. 모두가 변합니다. 변하지 않으려고 할 때 탈이 납니다. 암 세포는 죽어야 할 세포가 죽기를 거부할 때 생겨납니다. 때가 되면 사라져야 하는데 사라지지 않으려고 합니다. 암 세포의 정체는 죽지 않으려는 세포입니다. 자연의 질서를 거부한 세포입니다. 다른 세포들은 다 죽는데 자기만 죽지 않으려고 발버둥을 치다가 몸 전체를 죽여 버리는 세포가 암세포입니다. 변화를 받아들여야 합니다. 죽음을 받아들이는 태도, 어렵지만 자연스럽게 받아들일 수밖에 없습니다. 삶이 주어지면 죽음도 함께 따라옵니다.

도(道)를 아는 사람은 잊는다. 먼저 인간 세상을 잊고, 사물을 잊고, 자기를 잊고, 자기 삶조차 잊는다. 시간의 흐름도 잊고, 생사도 잊는다. 나와 세상, 나와 사물을 구별하지 않고, 시간과 생사도 구별하지 않는 이가 진정한 도(道)를 깨달은 사람이다.

장자는 세상의 본질은 하나라고 말합니다. 만물제동(萬物齊同), 세상이 하나라는 깨달음이 장자 철학의 밑바탕입니다. 겉으로는 달라 보이지만 본질은 같기 때문에 무언가를 구별하려는 시도는 별 의미가 없습니다.

삶과 죽음도 마찬가집니다. 삶과 죽음도 우리 눈에는 달라 보이지만 큰 눈으로 보면 하나입니다. 씨앗이 떨어져 썩으면 새싹이 나고 새로운 생명이 자랍니다. 씨앗이 죽으면서 새 생명이 태어납니다. 삶과 죽음이 하나입니다. 나고 자라고 죽으면서 세상은 이어집니다. 거대한 수레바퀴입니다. 수레바퀴는 멈추지 않고 계속 굴러갑니다. 삶과 죽음도 계속 굴러가죠.

자사, 자래, 자여, 자리는 친구다.
자여가 병이 들었다. 이유는 모르나 몸이 꼽추처럼 변해갔다. 자사가 자여에게 물었다.

"꼽추가 되니 어떤가?"

"아무렇지 않네. 더 심해진다고 해도 괜찮네. 사람은 때를 만나 태어나고, 때를 만나 죽으니, 운명을 따르면 기쁘고 슬플 일이 없네. 사람은 자연의 섭리 안에 사니, 자연의 섭리를 받아들이면 슬퍼할 일이 아무 것도 없네."

얼마 뒤 자래가 병이 들었다. 자리가 문병을 왔다.

"이제 돌아가나 보네. 하늘이 이번에는 자네를 무엇으로 만들까 궁금하네. 쥐, 벼룩, 벌레, 무엇이 될까 궁금하네 그려."

죽어가면서도 자래는 빙그레 웃으며 말했다.

"하늘이 나를 죽게 만들려 하는데 죽고 싶지 않다면서 하늘의 뜻을 어기면 내 잘못이지. 한 평생 살다가 늙고 병들면 죽는 게 인간이네. 삶을 사랑하는 만큼 난 죽음을 사랑하네. 내가 이제 죽어 무엇이 되든 상관이 없네. 하늘의 뜻대로, 섭리대로 무언가가 되겠지."

말을 마치고 자래는 스르르 죽음을 맞이했다.

사람에게는 다섯 가지 복이 있는데 그중 가장 큰 복이 편안한 죽음이라고 합니다. 흔히 편안한 죽음 하면 '안락사'를 떠올리는데 안락사는 안락한 죽음이라는 말이 주는 느낌과 달리 그렇게 안락하지 않습니다.

죽음이 고통스러운 이유는 크게 두 가지인데 하나는 외로움이고 하나는 몸이 겪는 고통입니다. 안락사는 몸이 겪는 고통을 덜기 위한 방법입니다. 보통 우리는 죽는 과정에서 겪는 몸의 고통과 아픔이 엄청날 거라고 여깁니다. 저도 죽음의 고통을 맛보지 않았기에 잘 모르겠지만, 과학자들은 죽는 순간의 고통이 우리가 상상하는 것보다 그리 크지 않다고 말합니다. 죽음의 고통이 다가오면 몸에서 '엔도르핀'이 엄청나게 분비된다고 합니다. 말기암 환자의 고통을 덜어주는데 쓰는 '모르핀'이란 약보다 죽을 때 분비되는 호르몬이 몇 백배 강하다고 합니다. 죽을 때 분비되는 강력한 호르몬은 사람을 일종의 환각 상태에 빠뜨린다고 합니다. 엔도르핀은 죽음의 고통을 잊기 위한 진화의 결과물로 보입니다. 물론 죽을 병을 앓는 과정에서 겪는 육체적 고통은 크지만, 오늘날에는 의학이 발달해서 통증을 잘 관리해줍니다. 결국 죽음에 이르는 과정에서 몸이 겪는 고통은 우리가 상상하는 공포보다 크지 않습니다.

죽어가는 과정에서 생기는 지독한 외로움과 쓸쓸함은 피할 수 없는 걸까요? 『내 영혼이 따뜻했던 날들』을 보면 할아버지와 할머니가 자신들의 죽음을 아무렇지도 않게 받아들이는 장면이 나옵니다.

"한 평생 잘 살았으니 이제 가야겠네요."

이렇게 덤덤히 말하고 죽음을 받아들입니다. 죽음을 대하는 어떤 공포도 외로움도 보이지 않습니다. 잠을 맞이하듯이 죽음도 편안히 맞이합니다. 죽음도 잠처럼 찾아옵니다. 겉으로 보기에 죽음이나 잠이나 다를 게 없습니다.

『내 영혼이 따뜻했던 날들』에 나오는 할아버지와 할머니의 죽음이 진짜 안락사입니다. 한 순간에 퍽! 하고 죽는 게 안락사가 아닙니다. 잠을 받아들이듯이 죽음을 맞이할 때, 다섯 가지 복 중에서 최고라는 편안히 죽는 복을 누립니다.

사실 이렇게 죽는 것은 저의 꿈이기도 합니다. 죽음을 받아들이는 태도는 삶을 충분히 누렸기 때문에 가능합니다. 충분히 살고, 행복하게 살았으니, 굳이 더 누리고 싶지도 않고, 얽매일 필요도 없지요. 그래서 잘 죽고 싶다는 소망은 잘 살고 싶다는 소망이기도 합니다. 삶을 충분히 행복하게 살고 싶다는 바람입니다. 제 인생에서 가장 큰 꿈이 잘 죽기입니다.

죽음을 받아들이라는 말이 쉽지는 않지만 뜻은 알겠습니다. 인생을 충분히 누릴 때 잘 죽는다는 말에도 공감이 갑니다. 그러나 어찌 되었든 죽음은 슬픕니다. 죽음을 기쁘게 맞이할 수는 없다고 봅니다. 사람이 죽으면 다들 웁니다. 떠나는 사람도 당연히 슬프지 않을까요? 죽음과 슬픔은 뗄 수 없는 관계라고 봅니다.

죽으면 슬프다는 생각도 한 쪽 눈으로 보는 관점입니다. 죽으면 다 슬퍼할까요? 의외라 여길지도 모르지만 죽음을 기쁘게 맞이하는 사람, 죽음을 축복으로 받아들이는 문화도 존재합니다. 하느님을 믿는 기독교나 가톨릭 신자들 중에는 죽으면 하느님 품에 간다고 여기고 기쁘게 죽음을 맞이하는 사람도 있습니다. 생명이 돌고 돌아 태어난다는 윤회를 믿는 불교 신자들은 새로운 삶을 기대하며, 죽음을 설레는 마음으로 받아들이기도 합니다. 이슬람에서는 옳은 일을 위해 죽으면 '순교'라 하여 축복받은 죽음으로 여깁니다. 그래서 몸을 던져 자살폭탄테러를 벌이기도 하지요. 자살폭탄테러를 옳다고 보지는 않지만 분명한 것은 죽음을 다르게 대하는 사람들, 죽음을 기쁨으로 받아들이는 문화가 있다는 사실입니다. 죽음은 무조건 슬프다는 생각은 고정관념일 뿐입니다.

『장자』에 죽음을 대하는 정반대 태도를 소개하는 글이 나옵니다. 이 글에도 '공자'가 나오는데 앞서 말했지만 여기 나오는 공자도 논어에 나오는 진짜 공자가 아니라 장자가 자기 주장을 펼치기 위해 일부러 등장시킨 인물입니다.

자상호, 맹자반, 자금장은 친구다. 자상호가 죽었다. 맹자반과 자금장은 장례를 치르지 않고 시체를 내버려 두었다. 공자가 제자인 자공을 보내 장례를 치르라고 하였다. 자공이 죽은 자상호의 집에 와 보니 맹자반과 자금장은 평소와 다름없이 일하고, 노래하며 아무렇지도 않게 지냈다.

"시신을 앞에 두고 아무렇지 않게 일하고, 노래를 부르다니 죽은 사람에 대한 예의가 아니지 않는가? 정말 못된 사람들이군."

자공이 나무라자 맹자반과 자금장은 도리어 자공을 비웃었다.

"당신이야말로 진짜 예의가 무엇인지 모르는군."

자공은 기가 막혀 공자에게 돌아와 그대로 보고했다. 공자가 말했다.

"그들은 세상 바깥에 산다. 그들은 우리와 사는 세계와 완전히 다르다. 그들은 삶을 몸에 붙은 혹이나 머리카락 정도로 여긴다. 삶을 기뻐하지 않고, 죽음을 두려워하지 않는다. 그러기에 세상 사람들이 생각하는 예의를 지키며 살지 않는다."

"그래도 시체를 그대로 두고 놀다니요? 옳지 않습니다."

"죽음은 이곳에서 저곳으로 옮기는 과정일 뿐이다. 삶과 죽음을 구별하지 않으니 좋고 나쁨도 구별하지 않는다. 보통 사람들의 기준으로 옳고 그름을 따져 봐야 그들에겐 아무런 의미가 없다. 그들은 이미 옳고 그름을 벗어난 사람들이다."

『장자』 이야기 첫 머리에 나오는 '붕'과 '곤' 이야기를 기억하나요? 장자는 세상을 붕과 곤의 눈으로 봅니다. 높은 곳에서, 큰 마음으로 세상을 대하니 삶과 죽음조차 하나라고 봅니다. 이것이 바로 장자 철학입니다. 보통 사람들은 사람이 죽으면 당연히 장례를 치르며 슬퍼해야 한다고 믿습니다. 장자는 그것도 하나의 고정관념일 뿐이라고 말합니다. 세상 사람들이 믿고 따르는 신념이나 관습이 결코 완전한 정답이거나 진리는 아니라고 주장합니다. 당연하다고 여기는 생각을 당연하지 않게 보는 장자의 시선, 참으로 놀랍지 않나요? 제가 중국의 철학자들 중에서 장자를 제일 좋아하는 두 번째 이유입니다.

물론 보통 사람의 시선으로 '맹자반과 자금장'의 태도를 그대로 받아들이기는 쉽지 않습니다. 상식을 지닌 사람이라면 대다수가 비판할 것이며, 격렬한 논쟁을 벌일만한 주제이기도 합니다. 그러나 우리가 아무리 비판을 하고 논쟁을 해도 '맹자반과 자금장'이 우리들의 논쟁에 귀를 기울이지는 않을 듯합니다. 그들은 옳고 그름을 따지는 사람들도 아니고, 세상에서 벗어났으며 삶과 죽음에 얽매이지도 않기 때문이죠.

세상에 알려진 훌륭한 사람은 멋진 삶을 산 듯 보이나 실제로는 남의 뜻에 따라서 자기 본성대로 살지 못한 사람이다. 인간 세상이 보기에 훌륭한 이가 하늘이 보기에는 평범한 사람이며, 인간 세상이 보기에 평범한 사람이 하늘이 보기에는 훌륭한 사람이다.

우리는 너무 사람들의 시선에 신경을 씁니다. 남에게 인정받고자 합니다. 남이 나를 인정해주길 간절히 바라지만, 따지고 보면 인정해주는 그 사람도 다른 사람의 인정을 받고 싶어서 안달입니다. 내가 인정을 바라는 사람이나 인정받고 싶어 안달인 자기 자신이나 똑같은 사람일 뿐입니다.

다른 사람의 인정과 사랑에 목멜 필요가 없습니다. 진짜 자신을 인정해야 할 사람은 자기 자신입니다. 내가 나를 인정할 때, 그때가 최고입니다. 세상 사람들의 평가는 중요하지 않습니다. 일세의 영웅이었던 칭기즈칸도 죽을 땐 홀로 외로이 죽었습니다. 다들 우러러봤지만 칭기즈칸이 자기 삶에 만족했을까요? 만약 칭기즈칸이 장자를 알았다면, 소요유하며 행복하게 살았던 장자를 부러워하지 않았을까요?

남의 인정이 아니라 자기만족이 훨씬 중요합니다. 죽음에 이르러 죽음을 받아들이지 못하는 것은, 어쩌면 다른 사람의 눈을 지나치게 의식하며 살았기 때문인지도 모릅니다. 스스로 자기 삶에 만족하며 산다면, 죽음을 당당히 받아들이지 못할 이유가 없습니다. 죽는 순간은 홀자입니다. 그때 자신에게 닥친 죽음은 오로지 자신만 감당해야 합니다. 죽는데, 내가 죽는데 남들의 평가가 무슨 소용이 있을까요? 내 삶에 내가 실망했는데 남들이 우러러 본다고 무슨 소용이 있을까요?

남들이 나를 낮게 평가해도 죽는 순간 내 삶이 너무나 마음에 든다면 행복한 죽음을 맞이하겠죠. 그 때, 죽음에 이른 바로 그때, 내가 나를 흐뭇하게 바라본다면 죽음도 기꺼이 즐겁게 맞이하게 되리라 믿습니다. 두려움 없이 자연스럽게, 죽음도 삶의 일부로.

그러니 좀비나 지구 종말을 두려워 말고 지금 이 순간의 삶을 충실히 사시기 바랍니다. 그게 죽음을 대비하는 가장 좋은 방법이며, 두려움에서 벗어나는 유일한 길입니다.

멋진 지도자가 되고 싶어요

임금은 하인이며 섬기는 사람이다 : 응제왕應帝王

생활하다 보면 꼭 반장이 아니더라도 지도자 역할을 해야 할 때는 많습니다. 친구들 관계에서도 지도자 역할이 필요하고, 어디 놀러가서도 지도자가 필요합니다. 저는 멋진 지도자가 되어 사람들을 제대로 이끌고 싶습니다. 그런데 지도자를 제대로 하려고 하면 몹시 힘이 듭니다. 조금만 적극적으로 나서면 나대지 말라는 말부터 들립니다. 다 같이 할 일인데도 자기 이익만 따지면서 제대로 참여하지 않는 친구들도 많습니다. 이런 친구들을 어떻게 이끌어야 할지 모르겠습니다. 제대로 된 지도자가 되려면 어떻게 해야 하나요?

사람이 다양하듯이 지도자도 다양합니다. 무능력한 지도자, 권위만 앞세우는 지도자, 카리스마형 지도자, 솔선수범하는 지도자, 민주주의를 실천하는 지도자가 있습니다.

무능력한 지도자는 말 그대로 지도자로서 자질이 전혀 없습니다. 사람들을 제대로 이끌지 못하고, 조직이 엉망진창이 되도록 만들죠. 권위만 앞세우는 지도자는 독재자입니다. 『우리들의 일그러진 영웅』의 엄석대와 같은 지도자가 그렇습니다. 엄석대는 주먹과 교활함으로 반 아이들을 지배합니다. 아무도 엄석대에게 대들지 못할 정도로 강력합니다. 엄석대는 독재를 하지만 겉으로 보기에 반은 잘 돌아갑니다. 엄석대의 말 한 마디면 거부 못하고 움직이니 겉으로는 아무 문제없는 듯 보이죠.

카리스마형 지도자는 사람들이 잘 따른다는 점에서 독재자와 비슷하지만, 독재자와 달리 따르는 사람들을 힘으로 누르지 않습니다. 말 한 마디, 행동 하나에 저절로 따르고 싶은 마음이 들게 하는 힘을 지닌 지도자입니다. 솔선수범하는 지도자는 누군가를 억지로 이끌려 하기보다 자신이 모범을 보임으로써 주위 사람들이 저절로 따르게 합니다. 민주주의를 실천하는 지도자는 민주주의 원리에 맞게 사람들을 이끌 줄 압니다. 토론과 절차를 중요하게 여기고, 사람들의 참여를 이끌어 냅니다.

현대 사회는 솔선수범하면서도, 민주주의를 잘 실천하는 지도자를 최고로 칩니다. 중국 고대 사회는 임금이 통치하다 보니 민주주의보다는 솔선수범하는 임금을 좋은 임금으로 보았습니다. 특히 공자,

맹자의 유가사상이 솔선수범하는 왕을 모범으로 삼았습니다. 임금이 덕을 쌓아 모범을 보이면 백성들은 절로 따라온다고 여겼습니다. 그러나 장자는 솔선수범하는 임금을 별로 좋게 보지 않습니다.

임금이 남에게 모범을 보여 사람들을 따르게 하는 통치술은 남에게 보이기 위해 꾸며낸 덕(德)이다. 그런 덕(德)으로는 백성을 제대로 이끌지 못한다. 임금은 자신이 타고난 본성 그대로 살며, 백성들이 각자 자신에게 맞는 본성대로 생활하게 하면 충분하다. 새는 하늘 높이 날아 사냥꾼의 화살을 피하며, 생쥐는 집 깊은 곳에 숨어 목숨을 보호한다. 새와 생쥐는 누가 가르쳐 주지 않아도 자기 생명을 돌보는 방법을 안다. 사람은 새와 생쥐보다 지혜로우니 일부러 참견할 필요가 없다.

장자는 억지로 꾸미고, 일부러 노력하는 태도를 좋지 않게 봅니다. 정치도 같은 원리로 바라봅니다. 임금이 덕을 베풀고, 모범을 보여서 백성들을 이끌겠다는 생각이 너무 억지스럽다고 여기죠. 임금은 그저 자기 본성대로 살고, 백성들도 자기 본성에 맞게 살만한 환경을 만들어주기만 하면 정치는 저절로 잘 풀릴 거라고 주장합니다. 새는 하늘 높이 날아 사냥꾼의 화살을 피합니다. 누가 가르쳐 주지 않아도 알아서 살아갑니다. 생쥐는 집 깊은 곳에 숨어 목숨을 보호합니다. 생쥐는 스스로 자기 목숨을 보호하기 위해 가장 적절한 방법을 선택합니다. 생쥐나 새보다 훨씬 똑똑하고 능력이 많은 사람이니 당연히 스스로 자기 목숨을 보호하고, 제대로 살아가는 방법을 알겠죠.

아주 명쾌한 논리입니다. 참견할 필요가 없고, 백성들이 스스로 살아가게 하면 된다는 장자의 주장은 '방치'라는 비판을 받기도 합니다. 그러나 방치는 간섭을 하지 않고, 애정도 주지 않는 태도입니다. 장자의 주장은 간섭은 하지 않는다는 점에서는 방치와 같지만, 백성을 한없이 사랑한다는 점에서는 방치와 전혀 다릅니다.

새와 생쥐는 알아서 자신을 보호하고, 백성들도 마찬가지라는 논리에는 백성에 대한 믿음이 깔려 있습니다. 백성들이 자기 힘으로 살아갈 힘과 능력을 지녔다고 믿기 때문에 간섭하지 말라고 합니다. 환경만 만들어주면 백성들 스스로 잘 살아갈 거라고 봅니다. 궁궐에 자리한 임금이나 높은 벼슬아치들이 백성을 이끌지 않고, 백성들이 각자 자기 사는 곳에서 자신들을 다스리면 훌륭한 정치가 이루어질 거라는 믿음입니다. 조금 어려운 말로 유가사상이 '중앙 집권 정치'라면, 장자 철학은 '지역 주민 자치'입니다.

장자 철학에서 말하는 지도자는 오늘날로 말하면 민주주의를 실천하는 지도자입니다. 민주주의는 백성이 주인이며, 백성이 모든 걸 결정하는 정치 원리입니다. 민주주의는 백성이 주인이니 시끄럽습니다. 많은 이야기와 토론 속에서 의견이 모아지고, 다수가 바라는 대로 결정이 납니다. 소수의 뛰어난 학자나 권력자가 결정하지 않고 일반 백성이 결정을 합니다. 백성들이 올바른 결정을 하리라 믿기 때문에 민주주의는 권력을 백성에게 내어줍니다.

장자가 말하는 원리는 '중앙 집권 방식의 민주주의'가 아니라 '지역 주민이 중심이 되는 민주주의'입니다. 자기가 사는 공간에서, 자기가 해야 할 일을, 스스로 책임지고 연대하여 해결해 나가게 두면 다 잘 되리라고 믿습니다. 장자가 대놓고 '지역 주민이 중심이 되는 지방 자치 방식의 민주주의'를 주장하지는 않았지만, 장자의 철학이 오늘날 발전된 민주주의의 원리와 많이 통하는 것은 사실입니다.

주위 친구들을 잘 이끌고 싶다고 하셨죠? 그럼 민주주의가 무엇인지, 민주주의가 어떤 원리로 작동하는지 깊이 공부하시기 바랍니다. 어쨌든 지금까지 인간이 찾아낸 가장 좋은 정치 원리는 민주주의니까요. 민주주의를 공부할 때는 단순한 형식이 아니라 '민주주의에 담긴 정신'을 깨닫기 바랍니다. 민주주의 정신을 알면 올바른 지도자가 되는 길이 열릴 거라 봅니다. 덧붙여 중앙집권식 민주주의와 지방 자치 중심의 민주주의가 어떻게 다른지도 공부하시기 바랍니다.

하찮은 재주로 사람을 이끌려 하면 안 된다. 하찮은 재주는 도리어 자신을 해친다. 호랑이는 아름다운 가죽 때문에 사냥꾼에게 죽고, 원숭이는 날쌔게 도망치니 쇠사슬에 묶인다. 부족한 재주를 뽐내면 반드시 화를 당한다.

호랑이는 아름다운 가죽을 뽐냅니다. 사냥꾼은 멋진 가죽을 노리고 달려듭니다. 원숭이는 날랜 몸을 자랑합니다. 사람들은 원숭이의 날랜 몸을 억누르려고 쇠창살을 사용합니다. 재주가 화를 부릅니다.

지도자가 되면 자기 힘으로 무언가를 해보려고 합니다. 자신을 자랑하고 싶어 합니다. 자랑하고 잘하려는 욕심, 자기 재주로 사람들을 어떻게 해보겠다는 의도로 인해 공격을 받습니다. 내가 의도한 대로 해야 한다는 고집 때문에 갈등이 생깁니다.

저는 장자의 이 말에서도 민주주의 원리를 봅니다. 민주주의는 자신의 뜻을 고집하지 않습니다. 남이 틀렸다고 몰아붙이지 않습니다. 내가 맞을 수도 있고, 상대가 맞을 수도 있다고 봅니다. 그래서 민주주의는 뽐내지 않습니다. 억지로 끌고 가지 않습니다. 토론을 통해 자연스럽게 의견을 모으고 해결책을 찾아갑니다.

지도자는 토론을 잘 이끄는 사람입니다. 제대로 된 지도자가 되고 싶다면 토론을 잘 이끌 줄 알아야 합니다. 지도자가 되고 싶다면 토론을 공부해야 합니다. 토론 공부라고 하니 '이기는 법'을 익히는 걸로 착각하는데, 토론은 이기기 위해서가 아니라 '생각을 나누기 위해서' 한다는 점을 명심하세요. 토론을 이끄는 법을 배우려면 '생각을 잘 나누는 방법'을 익혀야 합니다. 사람들이 생각을 잘 나누게 이끄는 사람, 그 사람이 바로 지도자입니다.

스승이 지닌 놀라운 경지를 경험한 '열자'는 자기가 모자라다는 것을 깨달았다. 아내를 위해 밥을 짓고, 돼지 기르기를 사람 기르듯이 하였다. 소박하게 살며, 세상을 있는 그대로 두고 억지로 무언가를 하려 하지 않았다.

열자가 어떤 점쟁이를 만납니다. 아주 신통방통한 점쟁이로, 맞추지 못하는 운명이 없습니다. 열자가 스승에게 점쟁이를 자랑하니 스승이 데려 오라 합니다. 스승은 점쟁이에게 다양한 모습을 보여줍니다. 점쟁이가 보기에 열자의 스승은 어느 날은 얼마 뒤에 죽을 사람으로, 어느 날은 무병장수할 사람으로, 또 어느 날은 운명이 뒤죽박죽인 사람으로 보입니다. 나중에 점쟁이는 열자의 스승이 자기와는 차원이 다른 사람임을 깨닫고 두려워 도망칩니다.

점쟁이를 위대하게 보던 열자는 점쟁이가 도망친 뒤에야 스승의 참된 수준을 깨닫습니다. 자신이 잘났다고 여겼는데 얼마나 부족한 사람인지 알게 됩니다. 그 뒤부터 열자는 한없이 겸손해집니다. 아내를 위해 밥을 짓습니다. 아내를 위해 밥을 짓는 남자가 뭐 그리 특별하냐고 생각하는 이도 있겠지요. 그런데 2500년 전 중국입니다. 남자는 하늘이고 여자는 짐승만도 못하게 여겼던 시대였습니다. 그런 시대에 남편이 아내를 위해 밥을 짓고, 아내를 떠받들며 산다니 상상도 못할 일입니다. 돼지를 사람처럼 기릅니다. 가장 천한 동물이고, 결국엔 사람에게 먹히는 돼지를 사람 대하듯이 존중했다니 열자의 겸손함이 놀랍지 않나요?

열자는 한 없이 자신을 낮춥니다. 권력을 누리려는 태도와 정반대입니다. 군림하지 않고 섬깁니다. 가장 천한 사람, 천한 존재도 공손히 섬깁니다. 그게 억지스럽게 하는 행동이 아닙니다. 아주 자연스럽습니다. 흔히 뛰어난 지도자란 수많은 사람을 사기 뜻대로 끌고 가는 능력을 지닌 사람으로 여기지만 이는 잘못된 생각입니다. 지도자는 이끄는 사람이 아니라 수많은 사람들의 가장 밑에서 그들을 섬기는 사람입니다. 그래서 지도자는 왕과 비슷하지 않고 하인과 비슷합니다.

좋은 지도자가 되고 싶다면 이끌려 하지 말고 섬기세요. 친구들을 섬기세요. 가장 힘없는 사람을 섬기세요. 섬기라고 해서 굴종하고, 굴복하란 뜻이 아닙니다. 빵 셔틀을 하라는 말이 아닙니다. 누가 시키지 않아도 친구들을 돕고, 친구들의 아픔과 고민을 감싸주고, 가장 약한 친구를 가장 귀하게 여기는 사람, 그런 사람이 지도자입니다.

옛날 성스러운 임금은 천하를 태평스럽게 다스렸지만 마치 전혀 다스리지 않은 듯하였다. 임금은 천하를 현명하게 다스렸지만 백성들에게는 전혀 흔적을 남기지 않았다. 만물을 있는 그대로 맡겨두고 억지스럽게 노력하지 않으면 모두 본성대로 살아간다. 그게 무위(無爲)의 정치다.

가장 훌륭한 정치는 정치가 있는지 없는지 모르는 거라고 합니다. 지도자의 존재가 전혀 느껴지지 않아야 올바른 정치란 얘깁니다. 요즘 정치인들과는 다르죠. 오늘날 정치인들은 자기 존재감이 없으면 큰일 날 듯 여깁니다. 나쁜 일이라도 자기 이름이 언론에 오르내리기를 바랍니다.

지도자가 되면 무언가 공을 세우고 싶습니다. 자신이 큰일을 해냈다는 흔적을 남기고 싶습니다. 후세 역사에 자기 이름이 기록되기를 바랍니다. 그런데 잘 생각해 보세요. 과연 지도자가 해냈다고 하는 일이 실제로 그 사람이 해 낸 일일까요? 아니면 수많은 백성들이 힘을 합쳐 해 낸 일일까요?

역사책에는 진시황이 만리장성을 쌓았다고 나옵니다. 정말 진시황이 혼자(!) 만리장성을 쌓았을까요? 백성들이 쌓았죠. 칭기즈칸이 세상을 정복했다고 합니다. 정말 칭기즈칸이 혼자(!) 세계를 정복했나요? 수많은 군인들이 싸웠죠. 아인슈타인이 혼자(!) 상대성 이론을 발견했나요? 그 이전에 무수한 사람들이 했던 연구가 없었다면 아인슈타인도 상대성 이론을 발견할 수 없었습니다.

공을 한 사람에게 돌리는 태도야말로 반드시 경계해야 합니다. 내가 모든 걸 다 했고, 내가 가장 큰 역할을 했다고 자랑하고 싶은 마음을 조심해야 합니다. 많은 사람들이 함께 한 일을, 다른 사람이 없으면 이루지 못했을 일을 자기 혼자 해냈다고 자랑하려는 마음이야말로 '독재자'가 되는 출발점입니다.

자신을 감추고, 자신이 없는 듯 일이 이루어지게 하는 사람, 그런 사람이 진짜 지도자입니다.

자신을 너무 앞세우지 말라는 말에 동의합니다. 명예를 독차지하려는 욕심을 부리지 말라는 말에도 찬성합니다. 민주주의를 공부하고, 토론을 익히라는 충고도 받아들입니다. 그런데 '무위(無爲)의 정치'라고 하니까. 마치 아무런 일도 하지 말라는 말로 들립니다. 아무 일도 하지 말고, 흔적을 남기지 말라고 하니까 지도자로서 역할을 하지 말라는 말로 받아들여집니다. '무위의 정치'가 잘못하면 자기 책임을 다하지 않는 방치로 흐르지는 않을까요?

'무위(無爲)'는 아무 역할도 하지 말라는 뜻이 아닙니다. 무위는 본성에 맞게 하라는 뜻입니다. 순리에 맞게 하라는 뜻입니다. 자연(自然), 스스로 자自, 그러할 연然, 스스로 그러하다는 말입니다. 자연스럽게 하라는 말 많이 들어 보셨죠? 그게 바로 장자 철학입니다. 억지로 하지 말고, 물이 흐르듯 자연스럽게 하라! 이게 장자가 말한 '무위'의 본래 뜻입니다.

자기 경험을 떠올려 보세요. 무언가에 익숙하지 않을 때는 억지스럽습니다. 게임을 할 때 일정 수준에 오르기 전까지는 무언가 어색하고, 잘 안 됩니다. 이렇게 할까, 저렇게 할까 고민도 많이 합니다. 그러나 어느 수준에 이르면 별 생각 없이 자연스럽게 합니다. 경지에 이르렀기 때문에 가능하죠. 수학 문제를 풀 때도 마찬가집니다. 제대로 모를 때는 이런저런 공식을 억지로 이용해서 풉니다. 그러나 일정 수준에 도달하면 별 생각 없이 자연스럽게 문제를 풉니다.

'무위(無爲)', 어려운 말처럼 들리지만 일상생활에서 무위는 너무나 많습니다. 민주주의, 토론, 잘난 체하지 않기, 섬기는 자세 등 지도자에게 필요한 능력이 처음에는 어색하겠죠. 그러나 익숙해지면 자연스럽게, 물이 흐르듯 익숙해집니다. 그게 바로 '무위', 억지로 하지 않고 자연스럽게 사람들을 이끄는 지도력입니다.

남해의 임금은 '숙'이고, 북해의 임금은 '홀'이며, 중앙의 임금은 '혼돈'이다. 숙과 홀이 혼돈을 찾아왔다. 혼돈은 숙과 홀을 잘 대접했다. 대접을 잘 받은 숙과 홀은 혼돈에게 보답하기 위해 의논을 했다. "사람은 일곱 구멍을 이용해 보고, 듣고, 먹고, 숨 쉬는데, 혼돈은 구멍이 없다. 혼돈에게 구멍을 뚫어 주자." 숙과 홀은 하루에 하나씩 혼돈의 몸에 구멍을 뚫었다. 일곱 개의 구멍을 뚫은 이레 째 되는 날 혼돈은 죽고 말았다.

혼돈은 왜 죽었을까요? 본성에 어긋나게 대했기 때문입니다. 억지를 썼기 때문입니다. 혼돈에게는 구멍이 필요 없습니다. 혼돈은 원래 그대로 살아야 했습니다. 사람의 기준에 맞춰 억지로 바꾸려 하였기에 혼돈이 죽고 말았습니다. 억지는 탈이 나기 마련입니다.

'혼돈을 죽인 숙과 홀' 이야기는 자연을 파괴하는 인간의 행위를 비판하는 논리가 되기도 합니다. 인간의 목적을 이루기 위해 억지로 자연을 바꾸다 보면 결국 자연은 파괴되고 더는 생명이 살 수 없는 환경으로 바뀐다는 뜻으로 이 이야기를 해석할 수도 있습니다.

인간도 자연의 일부입니다. 지도자도 여러 사람 중 한 명입니다. 일부인 존재가 전체의 본성을 거스르면 문제가 생기고, 심하면 전체의 생존을 위협하게 됩니다. 암세포가 바로 그런 존재입니다. 전체의 순리를 거스르는 암세포가 생명 전체를 죽입니다. 자연의 질서를 거스르는 인간, 대중을 지배하려 드는 지도자는 암세포와 같은 존재입니다.

2부

비움으로
채운다
: 장자 외편(外篇)

장자철학상식 ②

『장자』에는 공자와 유가를 비판하는 글이 많다. 공자와 맹자는 뛰어난 군자가 어진 품성으로 세상을 다스려야 한다고 주장한다.

임금은 임금답게, 신하는 신하답게, 백성은 백성답게, 자식은 자식답게, 여자는 여자답게 자기 역할을 충실히 하면 천하가 태평해지리라고 본다. 특히 공자와 맹자는 전설 속의 임금인 요임금과 순임금 시대를 이상사회로 보고 요/순 임금처럼 나라를 다스려야 한다고 주장한다.

반면에 도가사상은 지식이나 제도로 백성을 다스리거나, 권력자들이 백성들을 간섭하는 정치를 반대했다. 권력자들이 백성들을 간섭하지 않고, 자연의 순리에 따라 살게 두면 백성들은 저절로 이치에 맞게 살아가리라 믿었다. 실제로 그 당시에는 노자와 장자가 말했듯이 자연 속에서, 자유롭게 살아가는 시골 마을이 굉장히 많았다. 그런 마을들을 권력자들이 지배하지 말고 그냥 스스로 살아가게 내버려 두라는 주장이다. 정치제도의 관점에서만 보면 유가사상이 중앙집권국가를 지향했다면, 도가사상은 지역자치를 추구했다.

엄마는 항상 동생 편만 들어요

높은 눈으로 보면 억울함은 없다 : 변무騈拇

동생과 싸웠습니다. 동생이 제 물건을 허락도 없이 썼기 때문입니다. 엄마는 동생이 한 잘못에는 눈감고, 제가 동생에게 막말을 했다고 저만 야단쳤습니다. 동생이 먼저 저를 건드린게 한 두 번이 아닙니다. 제 딴에는 참고 참다가 화를 낸 건데 엄마가 저만 야단치니 솔직히 짜증이 났습니다. 엄마는 너무 불공평합니다.

"여동생 하나 있으면 얼마나 좋을까?"
"여동생? 있어 봐라. 얼마나 끔찍한지 알아?"
이런 대화 많이 하죠. 또 다음과 같은 대화도 종종 나눕니다.
"난 오빠가 있으면 좋겠어."

"헐! 악마를 만들겠다는 소리군."

누구는 없어서 부러워하는데, 또 누구는 악마라고 표현할 만큼 싫어합니다. 묘한 일입니다.

형제끼리 다툼이야 너무 흔합니다. 형제끼리 서로 아끼고 위해주라고 배우지만 현실에서는 그게 참 힘듭니다. 잘 지내면 정말 즐거운 관계지만, 한 번 사이가 틀어지면 원수가 따로 없습니다. 다툼이 생겼을 때 부모가 자기 원수⑦ 편을 들면 짜증이 나지요. 불공정한 결정이 반복되면 억울함이 쌓여서 더 미워지기도 합니다.

억울한 감정은 쌓아두면 병이 납니다. 괜히 쌓아두면 엉뚱한 상황에서 크게 터져 나오기도 하지요. 그러니 억울하면 바로 풀어야 합니다. 짜증내듯이 말하지 말고, 상황이 조금 지난 뒤에 부모님께 억울한 감정을 솔직히 표현해야죠. 만약 부모님이 받아주지 않는다면, 안타깝지만 그런 부모님 밑에서 건강한 가족관계가 맺어지긴 어렵습니다.

동생에게 화가 나고, 불공정한 부모님께 억울한 감정이 생길 때, 무조건 화를 내고 억울해 할 게 아니라, 한 번쯤 나의 짜증과 억울함이 타당한지 따져 보는 것도 억울함을 푸는 좋은 방법입니다.

두 하인이 각각 양을 지키다 양을 잃어버렸다. 주인이 이유를 묻자 한 하인은 책을 읽다가 양을 잃어버렸고, 한 하인은 도박을 하다가 양을 잃어버렸다고 답했다. 책읽기와 도박만 견주면 책읽기가 낫지만, 양을 잃어버린 점에서는 책읽기와 도박이 아무런 차이가 없다.

'백이'는 옛 임금에 충성하기 위해 수양산에서 굶어 죽었고, '도척'은 도적질을 하다가 동릉산에서 죽었다. 죽은 이유는 다르지만 귀중한 생명을 해치고, 본성을 잃어버렸다는 점에서는 백이와 도척이 다르지 않다. 백이는 훌륭하고, 도척은 나쁘다고 평가하기 어렵다.

지금 세상은 자신의 본성을 잃어버리고 바깥 세계에 얽매여 노예처럼 살아간다. '인의'에 얽매인 사람은 군자로 존경받고, '재물'에 얽매인 사람은 소인으로 칭하지만, 둘 다 바깥 세계에 얽매여 산다는 점에서는 동일하다. 인의에 얽매이든 재물에 얽매이든 자기 본성을 잃었다는 점에서는 동일하니, 군자와 소인을 구별한들 아무런 의미가 없다.

두 하인이 각각 양을 지켰습니다. 한 하인은 책을 읽었습니다. 바람직한 행동입니다. 한 하인은 도박을 했습니다. 바람직하지 못한 행동입니다. 주인 처지에서 볼까요? 책을 읽었으니 칭찬해주고, 도박을 했으니 야단을 쳐야 할까요? 아니죠. 주인 처지에서 보면 책을 읽든 도박을 하든 그로 인해 양을 잃어버렸으면 잘못은 똑같습니다.

책을 읽은 하인은 억울할지도 모릅니다.

"나는 책을 읽는 훌륭한 일을 했는데 왜 도박을 한 저 나쁜 놈과 똑같이 취급하죠? 정말 억울해요."

책을 읽은 하인이야 억울하겠지만 주인의 눈으로 보면 야단을 맞아야 마땅합니다.

동생이 평상시에 물건을 함부로 가져갔습니다. 동생이 잘못을 해서 막말을 했습니다. 그 상황에서 나만 야단을 맞으면 억울합니다. 형의 처지에서는 억울한 것이 당연합니다. 그런데 엄마 처지에서 보면 어떨까요? 양을 지키라고 시켰던 주인과 엄마가 같은 처지, 동생은 도박을 하다가 양을 잃은 사람과 같은 처지, 질문을 던진 학생은 책을 보다 양을 잃어버린 처지입니다. 엄마는 싸움의 원인이 어떻든 형제가 다투고, 함부로 막말을 하는 짓은 잘못으로 판단합니다. 주인 처지에서는 책과 도박이 아니라, 양을 잃어버렸다는 사실이 훨씬 중요하듯이 엄마는 형제끼리 다투고 막말을 했다는 사실이 다른 그 무엇보다 훨씬 중요합니다.

그래도 억울하다고요? 너무 억울해 마세요. 장자는 심지어 충신으로 널리 알려진 백이와 도둑인 도척을 똑같이 취급하니까요. 백이는 유가사상에서 충신으로 떠받드는 위인입니다. 은나라가 주나라에 멸망당했을 때 주나라에 복종하기를 거부하고 수양산에 들어가 굶어죽을 정도로 충성심이 강하고 의리 있는 신하가 백이입니다. 도척은 아주 못된 도적입니다. 그런데 장자는 백이나 도척 모두 귀한 생명을 버리고, 인간의 본성을 잃어버렸다는 점에서는 같다고 취급합니다. 충성스런 신하는 책 읽은 하인, 도척은 도박을 한 하인과 같은 셈이죠.

'인의(仁義)'라는 말이 나오는데 인의는 어질고 의로운 행동, 즉 세상이 옳다고 여기는 행동이나 생각이라고 여기면 됩니다. '군자(君子)'는 유가사상에서 이상으로 여기는 인간으로 아주 훌륭하고 존경받는 분 정도로 생각하세요. 소인은 돈에 눈이 멀고, 속 좁고, 이기심 많은 사람들을 가리킵니다.

장자는 인의를 실천하며 사회에서 존경받는 군자나 속 좁고 이기심 많은 소인이나 똑같다고 여깁니다. 둘 다 자기 본성을 잃었기 때문이죠. 소인이야 그렇다 해도 군자도 자기 본성을 잃은 걸까요? 군자는 자기 가치가 아니라 세상이 옳다고 여기는 가치에 얽매였다는 점에서 소인과 같습니다. 책을 읽다가 양을 잃은 하인이나 군자나 똑같습니다. 무엇에 얽매이든 진짜 자신을 잃어버렸다는 점에선 동일하니까요.

　　갈등이란 당사자에게는 매우 중요하지만 높은 위치에서 새롭게 바라보면 아무 일도 아닐 때가 많습니다. 짜증내고, 억울해하기 전에 새로운 관점으로 자기를 바라보길 권합니다. 물론 쉬운 일은 아니겠지만.

적성과 전망 사이에서 고민이에요

최우선 기준은 나답게 사는 것 : 마제馬蹄

저는 과목 중에서 사회를 좋아합니다. 특히 국사를 아주 좋
아합니다. 그렇다고 과학이나 수학을 못하지는 않습니다. 예
전부터 국사나 사회에 흥미가 많았고 적성에도 맞았습니다. 그
런데 국사 쪽으로 장래를 생각해보니 전망이 그리 밝지 않습니
다. 주위 얘기를 들어보니 이과 쪽이 취업하기엔 더 좋다고 하네
요. 적성을 택해 문과로 가자니 장래가 걱정이고, 장래 직업을 고
려해서 이과를 선택하자니 제 적성을 포기해야 하고. 고민입니다.
이과를 가야할까요, 문과를 가야할까요?

저는 고등학교 과정에서 이과와 문과를 딱 구분해서 가르치는 방
식에 반대합니다. 사람의 적성을 딱 잘라 나누기도 어렵거니와 제대로

된 교육이 아니기 때문입니다.

첫째, 고등학교 1학년을 이과 학생과 문과 학생으로 명확하게 구분하기 어렵습니다. 사회와 국어를 좋아하면 문과, 수학과 과학을 좋아하면 이과 식으로 나누는데, 모든 학생들이 딱 그렇게 둘로 쪼개지지 않습니다. 그리고 많은 학생들이 수학이나 과학이 싫으면 문과로 가고, 사회나 국어를 못하면 이과를 가는 식입니다. 적성을 찾기보다 싫은 과목 피해서 높은 점수 찾아가는 거죠. 우리나라처럼 단 하나의 기준으로 교육이 이루어지는 현실에서 이과, 문과 선택 과정에서 적성에 따른 선택을 하기는 어렵습니다.

둘째, 문과와 이과를 나눠서 교육하는 방식은 사회 현실에도 맞지 않습니다. 과학기술자들도 세상 속에서 살아갑니다. 투표도 하고, 경제활동도 하고, 법과 관련한 문제도 생기며, 인간관계도 맺습니다. 이과를 선택한 학생도 문과에서 배우는 학문을 배워야 하지만, 이과에선 사회를 제대로 가르치지 않습니다. 황당한 일이죠. 문과도 마찬가지입니다. 문과생들에게는 과학을 제대로 가르치지 않는데, 문과생들은 사회에 나와서 과학기술과 완전히 떨어져 살까요? 21세기는 과학의 시대인데 과학기술을 모르고서는 제대로 된 사회활동을 하기 어렵습니다.

바람직하지 않지만 현실에서는 어쩔 수 없이 이과와 문과 중에서 선택해야 합니다. 적성은 문과인데, 장래를 고려하면 이과! 고민이 많겠군요. 이럴 때 장자는 뭐라고 할까요?

말의 발굽은 서리나 눈을 밟아도 끄떡없고, 말의 털은 바람과 추위를 막기에 충분하다. 말은 풀을 먹고 물을 마시며 신나게 들판을 뛰어다닌다. 이게 말의 본성이다. '백락'은 말을 잘 다룬다고 칭송받는데 말의 털을 깎고, 발톱을 깎아 말굽을 달고, 고삐를 매어 마구간에서 기른다. 훈련을 시킨다고 굶기며, 열을 맞춰 달리게 한다. 명령을 듣지 않는 말은 채찍으로 때린다. 그러다 보니 숱한 말이 죽는다. 과연 백락이 말을 잘 다루는 사람인가?

도공은 찰흙을 잘 다뤄 멋지게 도자기 그릇을 만든다고 자랑하고, 목수는 나무를 잘 다뤄 가구를 잘 만든다고 자랑한다. 도자기는 흙의 본성이 아니며, 가구는 나무의 본성이 아니다. 도공과 목수가 흙과 나무를 잘 다룬다고 누가 말하는가?

말은 군이 훈련을 시키지 않아도 됩니다. 타고난 발굽과 털은 생존에 적합합니다. 들판을 뛰어 놀기에 적합한 몸을 지녔습니다. 굳이 길들일 필요 없고, 말굽을 달지 않아도 되며, 줄지어 뛰어다니라고 훈련시킬 필요도 없습니다. 말은 본성대로 살 때 가장 자연스러우며 행복합니다.

백락이란 사람이 말을 훈련시킵니다. 길들인다면서 털을 깎고, 말굽을 달고, 채찍을 휘두릅니다. 그 과정에서 많은 말들이 죽습니다. 생각해 보세요. 백락은 말을 잘 길들이는 훌륭한 사람인가요? 아니면 말의 본성을 죽이는 못된 사람인가요?

도자기 만드는 도공은 흙을 이용합니다. 흙을 이용해 도자기를 잘 만들면 사람들은 칭송합니다. 그러나 도자기는 흙이 지닌 본성을 잃었습니다. 흙은 생명을 길러내나, 도자기는 아무런 생명을 길러내지 못합니다. 도공이 흙이 지닌 본성을 빼앗아버렸습니다. 목수도 마찬가집니다. 나무를 잘 다뤄 가구를 만들지만, 나무가 지닌 생명력은 완전히 빼앗아 버립니다. 가구는 광합성도 못하고, 푸르른 잎과 풍성한 열매를 만들어내지 못합니다.

말은 길들여지지 않고 자유롭게 뛰어 놀 때 말답습니다. 흙은 도자기로 구워지지 않고 흙으로 기능할 때 흙답습니다. 나무는 흙에 뿌리를 내리고 광합성을 하며, 잎과 열매를 맺을 때 나무답습니다.

가장 나다운 건 무엇일까요? 나답게 사는 것은 어떤 걸까요? 적성과 장래로 고민할 때 절대 잊지 말아 할 질문입니다. 장래 직업을 고려하는 태도는 중요합니다. 그리고 나답게 살지 못하면 길들여진 말처럼 그리 행복하지 못하다는 사실도 잊지 말아야 합니다. 자기 본성을 잃고, 남이 좋다는 것만 따라하면 행복은 결코 오지 않습니다. 장자철학은 처음부터 끝까지 이 점을 강조합니다.

어기고 싶지 않은데 자꾸 규칙을 어겨요

큰 잘못을 없애면 작은 잘못은 사라진다 : 거협胠篋

저는 학교 규칙을 어기고 싶지 않습니다. 그런데 자꾸 어기게 됩니다. 두발 규정, 복장 규정, 점심시간 외출 금지 규정, 휴대전화 금지 규정 등 수많은 규정들을 어깁니다. 선생님이 하지 말라는 짓도 많이 합니다. 수업 시간에 친구와 몰래 수다도 떨고, 수업 종이 친 뒤에 들어오기도 합니다. 걸리면 야단을 맞지만 그때뿐입니다. 어기면 안 된다고 생각은 하지만 같은 상황이 되면 어느새 저도 모르게 규정을 어깁니다. 솔직히 말하면 제가 어기는 짓이 그렇게 나쁘다고 생각하지도 않습니다. 규정이니까 지켜야 한다는 정도죠. 하지만 자꾸 걸려서 불량학생 취급을 받고 싶지는 않습니다. 어떻게 하죠?

흔히 규칙이니까 지켜야 한다고 말하지만 옳은 말은 아닙니다. 규칙은 필요하기에 지킵니다. 자꾸 규칙을 어긴다는 것은 규칙을 지켜야 할 필요를 느끼지 못하기 때문입니다. 규칙의 필요성을 느끼지 못하는 이유는 크게 세 가지입니다.

첫째, 규칙이 잘못되었기 때문입니다. 제가 학교 다닐 때에는 머리 길이에 제한을 두었습니다. 이것은 잘못된 규정입니다. 머리 길이를 어떻게 할지는 자신이 결정해야 합니다. 머리카락은 자기 몸에 속하므로 그 길이를 결정할 권한은 당연히 자신에게 있습니다. 또한 규정 자체도 무리가 있습니다. 귀밑 10cm는 되고 넘어가면 안 되는 규정이 있다고 합시다. 도대체 10cm는 무엇을 근거로 정한 기준일까요? 11cm가 되면 공부에 방해가 되고, 10cm면 공부하기에 괜찮은 걸까요? 타당한 이유가 없습니다. 타당하지 않은 규정이기 때문에 자꾸 기회만 되면 어기려 들지요.

둘째, 규칙은 올바른데 필요성을 제대로 느끼지 못했기 때문입니다. 친구를 왕따시키지 말자는 규칙이 있다고 합시다. 올바른 규정입니다. 지켜야 합니다. 그럼에도 왕따를 시키는 일이 발생합니다. 이 규칙이 왜 올바른지, 왜 지켜야 하는지 제대로 깨닫지 못했기 때문에 왕따를 시키는 일에 동참합니다. 머리로는 이해해도 진심으로 받아들이지 않았기 때문에 잘못된 행동을 합니다.

셋째, 필요함을 인정한 뒤에도 어쩔 수 없이 어기는 경우도 있습니다. 예를 들어 도둑질을 하면 안 되는 줄은 알지만 자식이 굶어죽는 상황에 몰리면 도둑질을 할 수밖에 없습니다. 이런 경우는 극히 드물지만 가끔 벌어지기도 하지요.

　자신이 자꾸 규칙을 어긴다면 이 셋 중 어디에 해당하는지 살펴보기 바랍니다. 만약 규칙은 올바른데 필요성을 못 느낀다면 규칙을 왜 지켜야 하는지 깊이 고민해 보기 바랍니다. 혼자 살면 규칙은 필요 없습니다. 규칙은 둘 이상이 함께 살아가기 때문에 필요합니다. 자신이 어기는 규칙이 남과 더불어 살아갈 때 왜 필요한지 깊이 고민하고, 그 필요성을 제대로 깨닫는다면 다시 어기지는 않으리라 봅니다.

　필요성은 받아들이는데 어쩔 수 없이 어겼다면 책임을 져야죠. 어쩔 수 없었으므로 용서해달라고 하는 건 비겁합니다. 물론 다른 사람들이 어쩔 수 없는 상황을 인정하고 용서해 줄지는 모르지만, 용서와 상관없이 자신이 잘못한 일에는 책임을 져야 합니다.

　문제는 옳지 않은 규정일 때입니다. 옳지 않다고 판단하기 때문에 자꾸 어기게 되는 경우에는 어떻게 해야 할까요? 이게 이 고민의 핵심입니다.

 유명한 도둑인 도척에게 부하들이 물었다.
　“도둑에게도 도(道)가 필요합니까?”
도척이 대답했다.
“당연하다. 도둑에게는 훔칠 물건이 어디 있는지 한눈에 볼 줄 아는 능력이 필요하고, 가장 먼저 훔치러 들어가는 용기가 필요하며, 훔친 뒤 가장 나중에 빠져나오는 의리를 발휘해야 하며, 훔칠 때와 물러날 때를 재빨리 판단하는 지혜를 길러야 하며, 훔친 물건을 공평하게 나눠줄 줄 알아야 한다. 이 다섯 가지가 도둑의 도(道)다."

도둑에게도 다섯 가지 도리가 필요하다는 도척의 주장이 참 독특합니다. 도둑의 도(道)를 제대로 익히면 훌륭한⑦ 도둑이 되겠네요. 물론 장자가 도척을 칭찬하기 위해 이런 이야기를 꺼내지는 않았습니다. 이 이야기를 꺼낸 이유는 도척을 칭송하기 위해서가 아니라 평소에 멋진 말을 많이 하는 성인, 지식인들, 지배자들을 비판하기 위함입니다.

도척의 말은 겉으로는 멋있어 보이지만 사실은 나쁜 짓을 잘 감추기 위한 속임수일 뿐입니다. 깡패들이 의리를 내세우며 멋진 척하지만 깡패들의 의리가 진짜 의리가 아니 듯, 도둑의 도(道)는 진짜 도(道)가 아닙니다.

소위 성인(聖人)들이 성(聖), 용(勇), 의(義), 지(知), 인(仁)을 말하는데 도둑도 이 다섯 가지를 이용해서 도둑질을 한다. 세상의 악인들은 이 다섯 가지를 제 나름대로 이용하여 나쁜 짓을 한다. 성인이 있기에 성인이 말하는 지혜를 훔치는 도둑들이 나타난다.

정말 큰 도둑들은 성인이 말한 지혜를 내세우고, 천하를 훔친다. 이런 세상에서 상과 벌은 큰 효과를 발휘하지 못한다. 큰 도둑을 만든 책임은 성인이 져야 한다. 올바른 세상을 만들려면 도둑을 없애려 할 게 아니라, 성인을 없애야 한다. 성인이 존재하는 한 도둑은 끊이지 않는다.

성인(聖人)은 높은 지위와 명성을 얻은 사람 정도로 받아들이세요. 성인이 말한 성(聖), 용(勇), 의(義), 지(知), 인(仁)은 도척이 말한 다섯 가지 도리와 같습니다. 도척은 성인이 말한 다섯 가지 도리를 교묘하게 도적질에 이용해 먹습니다.

'정말 큰 도둑들은 성인이 말한 지혜를 내세우고, 천하를 훔친다'

바로 이 말이 핵심입니다. 진짜 나쁜 짓을 하는 큰 도둑들은 겉으로 멋지게 보이는 말들을 내세워 세상을 훔치는 짓을 저지릅니다. 큰 도둑이란 온갖 비리로 수 백, 수 천 억을 버는 재벌들이나, 그럴 듯한 정책으로 국민을 속이고 권력을 잡는 정치인들, 반지르르한 지식으로 사람들의 귀를 사로잡는 지식인들을 가리킵니다.

이들은 겉으로 보기에는 그럴 듯합니다. 전부 성인(聖人)들이 했던 말을 내세웁니다. 그래서 장자는 성인(聖人)을 없애야 한다고 주장합니다. 자잘한 도둑을 없애려 할 게 아니라, 그럴 듯한 명분을 내세우지만 실제로는 자기들 이익을 챙기는 자들을 없애야 세상이 바로잡힐 거라고 말합니다.

성인이 내세우는 멋진 지식을 없애면 큰 도둑은 자취를 감춘다. 화려한 보물을 없애면 작은 도둑이 사라진다. 권력과 부를 없애면 욕망이 사라진다.

올바르지 않은 규정은 사라져야 합니다. 본성을 짓밟는 행위는 없어져야 합니다. 올바르지 않은 규정들도 겉으로 보기엔 그럴 듯한 포장지를 두릅니다. 머리 길이 제한 규정을 보죠. 머리 길이 제한을 두는 이유는 '단속'하기 위함입니다. 겉으로는 면학 분위기를 내세우고, 학생의 본분을 내세우지만 실제로는 규칙 위반자를 가려내어 처벌하기 위함입니다. 고분고분 말을 잘 듣는 사람으로 만들어내기 위해, 학교는 '머리 길이 규정'을 만들고 이를 통해 통제를 하며, 학생들을 길들이려 합니다.

앞서 백락이 말을 억지로 길들이는 시도와 같습니다. 말을 자연 그대로 두면 자유분방하게 뛰어놀고 말이 지닌 본성대로 살지요. 그러나 백락은 본성대로 사는 말이 아니라 사람 말을 잘 듣는 길들여진 말을 원합니다. 그러니까 억지로 굶기고 때리죠. 학교가 학생들에게 하는 규칙 강요도 마찬가집니다. 제대로 된 교육이라면 학생들의 본성에 어긋나지 않는 환경만 조성하면 됩니다. 그러나 학교는 자신들의 입맛에 맞는 학생을 길러내기 위해 '일부러' 규정을 만들고 그걸 지키게 만듭니다. 그래야 말 잘 듣는 사람으로 자랄 테니까요.

규칙을 자꾸 어긴다면 자신이 어기는 규칙이 어디에 해당하는지 잘 살펴보시기 바랍니다. 필요성에 공감한다면 자기 머릿속을 살펴야 합니다. 필요성을 다시 생각해보고, 자신이 혹시 지켜야 하는데도 핑계를 대지는 않는지 따져보시기 바랍니다. 그러나 필요성에 공감하지 못하고 부당하다고 판단한다면 문제는 자신이 아니라 규칙을 만든 선생님이나 학교입니다. 이 점을 잘 구별해야 합니다. 잘못된 규정은 어떻게 해야 할까요? 직접 대답하기보다 독일헌법과 세계인권선언의 한

구절을 소개하는 것으로 대답을 대신합니다.

- 독일 헌법 제20조 4항 : 모든 독일인은 이러한 질서를 폐지하려고 기획하는 모든 자에 대해 다른 구제수단이 없을 경우에는 저항할 권리를 지닌다.
- 세계인권선언 제19조 : 모든 사람은 의견과 표현의 자유를 누릴 권리를 지닌다.

장자는 수레 만드는 장인, 소를 잡는 백정, 다리가 없는 장애인 등을 내세워 왕과 성인을 날카롭게 비판합니다. 잘못된 제도와 권력자들을 가차 없이 비웃습니다. 여기에 장자의 진짜 정신이 있습니다. 장자의 비판 정신은 독일헌법과 세계인권선언에 명시된 권리와 정확히 일치합니다. 여러분에게는 의견을 제시하고 표현할 자유, 부당함에 저항할 권리가 있습니다. 부당하다면 맞서십시오. 인간이 지닌 권리입니다.

늘 밝게 생각하려고 하는데 쉽지 않아요

변화하는 감정이 자연의 순리다 : 재유在宥

늘 밝게 생각하라고 합니다. 늘 밝은 태도를 취하는 사람은 큰 어려움이 닥쳐도 극복하는 힘이 크다고 합니다. 저도 밝게 생각하려고 노력하는데 잘 안 됩니다. 모든 일에서 좋은 점을 발견하라는 충고를 들어서 그리 해보려 하지만 진짜 어렵습니다. 화가 나는데, 실망스러운데 어떻게 밝게 생각하라는지 모르겠습니다. '늘 밝게 생각하기', 말은 맞지만 실천하기 쉽지 않습니다.

밝게 생각하면 좋은 일이 일어나고 행복이 커진다고 합니다. 행복은 마음먹기에 달렸다는 주장입니다. 심지어 밝은 상상을 하면 실제 현실에서도 밝은 일이 벌어져 돈도 많이 벌고, 높은 지위도 얻는다는 주장도 있습니다. 기업이나 대학에서도 밝은 기운을 지닌 사람을 뽑으려고 합니다. 항상 밝은 사람이 일도 열심히 하고, 성취도 높다고 보기 때문입니다. 한마디로 긍정이 대세입니다.

옛날 요임금이 나라를 다스릴 때는 백성들에게 기쁘게 살도록 했기 때문에 백성들은 굳이 기쁘게 살려고 노력해야 했다. 또 폭군 걸임금이 나라를 다스릴 때는 백성들이 비참하게 살도록 했기 때문에 백성들은 삶이 힘들었다. 요임금이 기쁘게 살게 하고, 걸임금이 비참하게 살게 하니 요임금이 낫고 걸임금이 못하다 하지만, 사실은 모두 억지로 기쁘고 억지로 비참하게 하므로 둘 다 순리에 어긋난다.

충신인 백이와 도둑인 도척이 똑같이 그릇되었다고 하더니, 이번에는 중국 역사상 가장 뛰어난 임금인 요임금과 가장 나쁜 임금인 걸임금을 똑같이 취급하네요. 참으로 장자답습니다. 이 글에서 장자가 요임금을 좋지 않게 보는 이유가 나옵니다. 요임금이 백성들을 억지로 기쁘게 했다네요. 기쁘게 살아야 한다고 강요하니 기쁘게 살기는 하지만 그게 진짜 기쁨인지 의문을 던집니다.

사람은 기쁘기도 하고, 슬프기도 하고, 화나기도 하며, 즐겁기도 하고, 침울하기도 하고, 방방 뜨기도 합니다. 사람의 기분은 상황이나 조건에 따라 자연스럽게 변화합니다. 물론 그 변화가 너무 크면 힘들죠. 그러나 기분이란 자연스럽게 흐르게 마련입니다. 그것을 억지로 한 감정에 붙잡으려고 하는 시도는 순리에 어긋납니다.

밝은 감정이 좋습니다. 힘을 발휘하죠. 그러나 사람이 어떻게 늘 밝은 감정만 유지하겠습니까? 불가능하죠. 공부를 열심히 하고 싶습니다. 노력해야 한다는 거 알죠. 그러나 언제나, 늘 노력하면서, 좌절하지 않고, 목표를 향해 쉼 없이 달려가는 생활이 과연 가능할까요? 늘 열심히 공부하고, 다른 짓은 하지 않는 생활이 과연 가능할까요? 아니 정확히 말해서 그게 사람으로서 제대로 된 삶인지 따져볼 일입니다.

늘 밝게 생각하라는 요구는 인간이 실현하기 불가능합니다. 인간은 수만 가지 감정을 지녔으며, 자연과 사람 속에서 살아갑니다. 변화 속에 살아가는 인간이 감정의 변화 없이 살 수는 없지요. 물론 장자는 '만물제동'의 원리를 터득하여 주위 변화에 얽매이지 않고 '소요유' 하며 살아야 한다고 말합니다. 소요유 할 때의 감정은 늘 밝은 감정과는 다릅니다. 그저 고요할 뿐이죠. 거울과 같은 상태입니다. 거울은 고요합니다. 그리고 거울은 어떤 사물이든 있는 그대로 비춰 보입니다. 마음이 소요유에 이르면 거울처럼 되어서 그 어떤 감정이든 있는 그대로 비춰 보입니다.

억지로 밝은 감정을 유지하려고 하지 마십시오. 사람은 다양한 감정을 지녔습니다. 다양한 감정 그 자체를 인정하고 받아들이기 바랍니다. 어두운 감정도 자신의 일부입니다. 화난 감정도 나입니다. 우울함도 나고, 신나는 감정도 나입니다. 나는 어느 한 감정이 아니라 모든 감정 속에서 살아갑니다. 그 감정을 모두 품고 받아들일 때, 장자처럼 소요유하는 상태에 이르겠지요. 감정은 인간이 순리대로 살아야 함을 보여주는 핵심 증거입니다. 감정은 정직하니까요.

잘 생활하고 싶은데 조건이 엉망이에요

조건이 아니라 내 태도가 문제다 : 천지天地

저는 학교생활을 정말 잘하고 싶어요. 그런데 학교가 저를 방해해요. 일단 학교 주변에 음식점이 너무 많아요. 먹을 게 많으니 자꾸 나가서 먹게 돼요. 몇 블록 떨어진 곳에는 게임방도 여러 개에요. 학교 운동장은 좁고 시설은 엉망이에요. 학교를 배경으로 한 귀신 영화를 찍으면 딱 어울릴만한 분위기고, 우리 반에는 나대는 애들도 많고 기가 너무 세요. 담임 선생님은 나이도 많고 머리가 벗겨지신 분이라 재미없어요. 이래저래 학교 다니기 싫어요.

자기 마음에 딱 맞는 곳에서 지내고, 자기랑 딱 맞는 사람들만 만나면서 살 수 있다면 얼마나 좋을까요? 그러나 어디를 가나 불만이 없는 환경은 없습니다. 그럴 때마다 저런 환경만 없다면, 저런 사람만 없다면 하는 생각이 들지요.

 요임금이 국경을 방문했다. 국경을 지키는 관리가 요임금을 보자 요임금이 잘 되라고 축복을 빌었다.

"임금님, 오래오래 사십시오."

요임금은 고개를 절래절래 흔들며 축복을 거절했다.

"그러면 부자가 되십시오."

요임금은 이번에도 축복을 거절했다.

"그게 아니면, 많은 아들을 두십시오."

요임금은 이번에도 축복을 받아들이지 않았다.

국경 관리인은 요임금이 축복을 받아들이지 않은 이유가 궁금해 물었다.

"다들 오래 살고, 부자 되고, 많은 아들을 두기 바라는데 왜 임금님께서는 모두 거절하시는지요?"

요임금이 답했다.

"아들이 많으면 걱정이 많소. 가지 많은 나무에 바람 잘 날 없다지 않소. 부자가 되면 귀찮은 일이 많이 생기오. 너도나도 자기를 도와달라고 하고, 많은 재산을 관리하기도 어렵소. 오래 살면 좋다고 여기지만 오래 살면 살수록 나쁜 일을 겪을 가능성도 많아지오. 이런 이유에서 그대의 정성이 고맙기는 하지만 그대의 축복은 모두 거절했소."

아들이 많아도 걱정, 부자가 되어도 걱정, 오래 살아도 걱정입니다. 세상이 걱정으로 가득한 거죠. 세상을 바르게 다스린 요임금도 걱정이 많았나 봅니다. 주위를 둘러싼 환경이 마음에 안 든다고 했으니, 요임금의 심정을 잘 이해하겠네요.

그런데 요임금의 말을 들은 국경관리는 요임금에게 따끔한 말을 던집니다.

가만히 듣던 국경관리가 굳은 얼굴로 대꾸했다.

"나는 그 동안 요임금님을 훌륭하신 분으로 알았는데 알고 보니 아니었군요. 사람은 하늘에서 목숨을 받아 태어나며, 자신에게 맞는 조건이 주어지게 마련이오. 아들이 많으면 걱정이라 했으나 각자 제 갈 길을 가게 하면 걱정이 생기지 않소. 아무리 부유해지더라도 천하 사람들에게 나눠주면 부자가 된들 번거로운 일이 생길 리 없으며, 오래 살아도 순리에 맞춰 살면 나쁜 일을 겪지 않소. 세상의 이치에 맞춰 살면 조건이란 아무 문제가 되지 않는데, 당신은 조건을 탓하며 모두 피하려고만 하니 내가 당신을 잘못 보았소."

순리에 따르면 아무 문제가 없는데 왜 쓸 데 없이 걱정하느냐는 말입니다. 장자는 늘 순리에 따르라고 말합니다. 내게 주어진 조건은 다 그럴만한 이유로 오는 것이니 받아들이고, 주어진 뜻을 잘 살펴서 살라고 합니다.

기독교에서는 이를 '하느님의 뜻'이라고 하고 불교에서는 '인연'라고 합니다. 하느님의 뜻이든, 인연이든 주어진 조건에 불만을 품기보다 자연스럽게 받아들이고 순리에 어긋나지 않게만 산다면 조건은 아무런 문제를 일으키지 않는다는 말입니다.

학교 주위의 환경이 마음에 들지 않나요? 그런데 잘 생각해 보세요. 어디를 가나 불만인 조건은 생기게 마련이며, 어디를 가나 자신과 맞지 않는 인간을 만날 가능성은 있습니다. 자기가 생각하는 완벽한 조건이 갖추어진 곳은 세상 그 어디에도 없습니다. 옛날 사람들은 모든 조건이 갖추어진 나라로 유토피아나 무릉도원을 꿈꿨지만 그런 나라는 존재하지 않습니다. 조건의 불만을 끊임없이 따지다 보면 결국 세상을 떠나야 합니다. 그 어디를 가나 마음에 안 드는 조건은 늘 따라붙기 마련이니까요.

문제는 조건이 아니라 자기 자신입니다.
"학교가 재미없어요."
학교가 재미없는 게 아니라 내가 재미있게 보낼 줄 모르는 것입니다.
"친구들이 모두 이상해요."
친구들이 이상한 게 아니라 내가 친구를 사귈 줄 모르는 것입니다.

조건을 탓하기보다 조건을 받아들이기 바랍니다. 그리고 순리에 맞춰 살기를 바랍니다. 그동안 만족한 순간을 떠올려 보세요. 조건이 완벽했을 때 만족했나요, 아니면 조건에 상관없이 자기 안에 뿌듯함이 가득 찼을 때 만족했나요? 만족은 외부에서 오지 않고 내면에서

옵니다. 조건은 조건일 뿐, 삶은 자신이 결정합니다.

조건이 아니라 제 자신이 문제라니……. 삶은 조건이 아니라 자기 자신이 결정한다는 말이 가슴에 와 닿습니다. 그런데 우리 학교 시설은 정말 엉망입니다. 누가 보더라도 낙후됐습니다. 바닥은 삐그덕거리고, 창문은 낡았으며, 컴퓨터실도 엉망이고, 도서관에도 볼 책이 없습니다. 이 정도면 정말 심각하지 않나요?

연말이면 길거리에 멀쩡한 보도블록을 교체하느라 돈 쓰고, 공사한다고 나라 예산을 많이 쓰지요. 그런 돈 아껴서 좋은 교육 환경을 만드는데 써야 합니다. 배우는 학생들이 배움에 열중하게 만들어줘야죠. 특히 도서관은 많이 안타깝네요. 학교에서 도서관이 엉망이면 안되는데.

여기서 하나만 짚고 넘어가죠. 좋은 시설에서 공부가 잘 될까요? 학생은 반드시 좋은 시설에서, 가장 안락하고 편안한 공간에서 공부를 해야 할까요? 꼭 그렇지는 않습니다. 학생은 세상을 배우는 사람입니다. 세상은 편하기만 한 곳이 아닙니다. 온갖 불편함과 괴로움이 널렸습니다. 안락하고 편안한 환경에서는 세상을 있는 그대로 배우지 못합니다. 잘 갖춰진 환경에서만 지내다 보면 세상이 모두 잘 갖춰진 환경으로만 이루어진 줄 압니다. 부족함을 배우지 못하며, 열

악함을 느끼지 못하며, 궁핍함을 경험하지 못하며, 불쌍함을 체험하지 못합니다.

'젊어서 고생은 사서도 한다'는 속담을 떠올려 보세요. 젊음은 배움의 과정이며, 배움의 과정에서는 일부러 고생도 해야 합니다. 낡은 환경을 탓하기 전에 낡은 환경 속에서 배움을 얻을 게 없는지 주위를 둘러보시기 바랍니다. 학생은 교과서를 통해서만 배우지 않습니다. 삶 속에서 배워야 진짜 학생입니다.

공자의 제자인 자공이 여행을 하고 돌아가는 길에 웬 노인이 들에서 힘들게 일하는 것을 보았다. 노인은 깊은 우물에서 물을 길은 다음 양동이를 손으로 날라 밭에 물을 뿌렸다. 땀을 뻘뻘 흘리며 일하는 노인이 너무 불쌍하여 자공이 한마디 했다.

"너무 힘들게 일 하시네요. 그렇게 고생하지 않고 편리하게 일할 수 있는 기계를 제가 아는데 알려드릴까요?"

"어떤 기계요?"

자공은 기계를 자세히 설명해 주었다. 아주 편리한 기계였다. 가만히 듣던 노인은 자공을 가여운 듯 바라봤다.

"나의 스승님은 저에게 기계에 대해서 이렇게 가르쳤습니다. '기계가 생기면 반드시 기계를 이용하려는 욕심이 생기고, 욕심이 생기면 타고난 마음을 잃고, 쓸데없는 생각이 마음을 지배하게 된다. 복잡한 생각이 마음을 지배하면 올바른 도(道)를 얻지 못한다' 저도 당신이 말한 기계는 이미 알지만 도(道)를 잃고 싶지 않아서 일부러 쓰지 않을 뿐입니다."

자공은 편리한 기계를 두고 몸으로 고생하며 일하는 노인이 안쓰러웠습니다. 노인을 도와주고 싶어서 기계를 소개해주죠. 그런데 노인은 기계를 몰라서가 아니라 일부러 쓰지 않습니다. 기계가 사람에게 이롭지 않다고 보기 때문입니다. 편리하게 일을 하려는 마음이 생기면 계속 효율을 좇게 되고, 그로 인해 잡념이 생기고, 올바른 도(道)를 이루지 못한다고 봅니다.

그 노인을 어리석다고 볼지 모르지만 오늘날에도 지나치게 발달한 현대 문명을 거부하는 사람들이 꽤 됩니다. 그런 사람들은 최첨단 기술이 과연 인간을 이롭게 하는지 질문을 던지죠.

"일반전화에서 휴대전화로, 휴대전화에서 스마트폰으로 기술이 발달했다. 그러면 과연 기술발달만큼 인간의 삶도 행복해졌는가?"

이 질문에 쉽게 '예'라고 답하기 어렵습니다. 분명 편리해졌지만 더 인간다운 삶, 더 행복한 삶이 가능해졌는지는 의문이기 때문이죠. 노인이 편리한 기계를 거부하고, 여전히 불편한 도구를 사용하는 이유입니다.

물론 현대 문명 자체를 거부하고 살기는 어렵죠. 그러나 무작정 기술을 따라가는 태도가 올바른지는 고민해야 합니다. 그렇지 않으면 죽는 순간까지 끝없이 새로운 기술과 제품을 좇아 돈을 쓰는 '소비자'로 살아가야 할 테니까요.

 무심의 경지에 이른 사람은 세상 안에 살면서도 세상에 얽매이지 않는다.

세상을 등지란 얘기가 아닙니다. 세상에 살면서도 세상에 너무 길들여지지 말라는 뜻입니다. 자기 필요에 의해서, 자기 삶에 도움이 되는 한해서 세상을 이용해야지요. 최신형 기계를 손에 쥐었다고 해서 내 인생도 최신형이 되지는 않습니다. 진짜 삶은 기계가 아니라 마음에서 오니까요.

학교 시설에 불만이 많습니다. 타당한 면도 있습니다. 그러나 학교 시설을 탓하고 불만을 표하기 전에 내가 너무 안락함에 길들여지진 않았는지 되돌아보기 바랍니다. 불편함이 불행은 아니며, 안락이 행복도 아닙니다. 불편해서 더 행복하기도 하며, 힘들게 고생할 때 더 큰 행복이 찾아오기도 합니다. 삶은 하나의 색깔이 아니랍니다.

13

지적을 당하거나 비난을 받으면 짜증나요

내 인생의 평가자는 나 자신이다 : 천도天道

어느 날 친구에게 지적을 당했습니다. 누구나 그렇겠지만 저는 지적을 당하거나 부당하게 비난을 받는 상황이 되면 짜증나고 화가 납니다. 그래서 어떻게 하든 제가 비판받을 짓을 하지 않았다고, 그건 부당한 지적이라고 따집니다. 친구뿐만 아니라 선생님과 부모님에게도 똑같이 대응합니다. 저는 부당한 지적과 비난은 바로잡아야 한다고 믿습니다.

그러다 보니 참 피곤합니다. 말다툼도 많아지고, 관계가 틀어지는 경우도 종종 생깁니다. 옳지 않을 때는 맞서야 한다고 믿는데, 피곤한 일이 자꾸 일어나니 어떻게 해야 할지 모르겠습니다.

정당한 이유로 지적을 받으면 싫기는 해도 받아들이지만, 부당하게 지적하면 그냥 받아들이기 힘듭니다. 억울한 감정이 일어나기 때문입니다. 당연히 따지고 싶고, 따지게 됩니다. 따지고 들면 당연히 마찰이 생기고, 심할 경우 관계가 틀어지기도 합니다.

누군가 자기 험담을 몰래 한다는 소식을 접하면 험담을 한 사람이 싫고 짜증납니다. 학생들의 경우에는 자기 험담했다고 일부러 왕따를 시켜버리기도 하더군요. 험담을 했다고 왕따를 시키다니, 철저한 복수네요.

 '시상기'가 노자를 찾아왔다. 그는 보자마자 노자에게 심한 말을 했다.

"나는 당신이 아주 훌륭한 분이라고 듣고 왔소. 그런데 실제로 보니 정말 실망이오. 당신 집을 잘 보니 음식이 썩어서 버려질 정도로 넘치는데도 당신은 누이동생도 돌보지 않으니 이게 어떻게 인간이 할 짓이오?"

심한 말을 들었지만 노자는 담담하게 받아들였다. 전혀 변명도 하지 않았다.

그 다음날 시상기가 다시 노자를 찾아왔다.

"죄송합니다. 어제는 제가 잘못 알고 큰 실례를 저질렀습니다. 너무 부끄럽습니다. 그런데 선생님께서는 어제 그렇게 심한 말을 듣고도 왜 가만히 계셨습니까?"

"당신은 훌륭한 사람이라고 이름이 났으면 이러저러 해야 한다고 믿는지 모르겠지만, 난 주위의 평가에 전혀 신경 쓰지 않소. 어제 당신이 나를 소라고 했다면 소라고 인정하고, 말이라고 하면 말이라고 인정했을 것이오. 남이 그리 말하는 데는 다 까닭이 있는 법이지요. 남의 말이 내 뜻에 맞지 않는다고 따져 봐야 다툼만 생길 뿐이오. 나는 다른 사람의 의견에 맞서지 않소. 굳이 그래야 할 필요도 느끼지 않소. 난 그저 내 삶을 살 뿐이오."

시상기가 훌륭하다고 이름이 난 노자를 찾아왔습니다. 시상기는 잔뜩 기대를 품고 왔는데 와보니 소문과 완전히 다릅니다. 노자 집안에 음식이 넘치는데 근처에 고생하며 사는 누이동생을 전혀 돕지 않기 때문이죠. 시상기는 고생하는 누이동생을 돕지 않는 노자가 못된 인간이라고 판단했습니다. 형제끼리 돕고 살아야지 자기는 떵떵거리며 살면서, 누이동생은 가난하게 내버려두니 비난할 근거는 있었습니다.

노자의 태도가 참 재미납니다. 처음 본 사람이 대뜸 심한 말로 비난을 하는데도 아무런 대꾸를 하지 않습니다. 변명도 하지 않고, 상황 설명도 하지 않습니다. 그저 묵묵히 받아들입니다. 참으로 놀라운 태도지요. 힘이 없지도 않고, 말을 못하지도 않는데 말이죠.

다음 날 시상기가 사실을 확인하고 옵니다. 아마 노자가 누이동생을 돕지 않은 다른 사연이 있었는데 나중에야 알게 된 모양입니다. 시상기는 어제의 잘못을 머리 숙여 사죄하면서 궁금했습니다. 분명 부당한 지적이었는데 왜 참았을까? 자기 같으면 그 자리에서 아니라고 설명을 했을 텐데 묵묵히 받아들인 노자를 이해하지 못합니다.

　노자는 말합니다. 나는 다른 사람의 평가는 전혀 신경 쓰지 않는다고, 다른 사람이 그리 말하면 나름대로 이유와 사연이 있겠거니 여긴다고, 난 그저 내 삶을 살 뿐이라고. 참으로 놀랍습니다. 평범한 사람들은 칭찬을 들으면 좋아하고 비난을 들으면 싫어하는 법인데, 노자는 다른 사람이 하는 평가에 전혀 의미를 두지 않습니다. 그저 자기 삶을 살 뿐입니다. 다른 사람이 오해를 해도 오해를 할 만하니 오해하겠거니 여기고 내버려 둡니다.

　비난이 두려운 이유는, 비난을 받으면 자기 인격이 함께 무너진다고 믿기 때문입니다. 남의 비난이 아무리 거세도 자기 자신에게 당당하면 비난 따위는 신경 쓸 필요가 없습니다. 내가 나를 믿고, 떳떳한데 무엇이 누렵겠습니까? 남의 시선을 신경 쓰고, 남의 평가에 휘둘린다는 말은 내가 내 중심을 잡고 살지 못했다는 뜻입니다. 내가 내 중심을 잡았다면 남의 평가에 휘둘리지 않았겠죠.

　노자는 남의 평가에 휘둘리지 않았습니다. 자기 삶이 확고하기 때문입니다. 자기 삶에 만족하고 떳떳하면 남에게 신경 쓰는 일이 줄어듭니다. 내게 가장 중요한 평가자는 자기 자신입니다. 타인은 그저 타인일 뿐입니다.

14

전교 1등 공부법을 따라했는데 저는 왜 안 될까요?

바른 도道는 겉만 보고 알 수 없다 : 천운天運

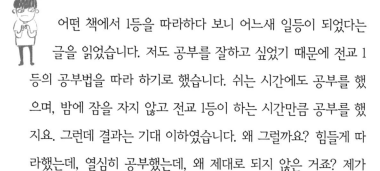

어떤 책에서 1등을 따라하다 보니 어느새 일등이 되었다는 글을 읽었습니다. 저도 공부를 잘하고 싶었기 때문에 전교 1등의 공부법을 따라 하기로 했습니다. 쉬는 시간에도 공부를 했으며, 밤에 잠을 자지 않고 전교 1등이 하는 시간만큼 공부를 했지요. 그런데 결과는 기대 이하였습니다. 왜 그럴까요? 힘들게 따라했는데, 열심히 공부했는데, 왜 제대로 되지 않은 거죠? 제가 공부에 소질이 없는 걸까요?

열정이 대단하네요. 그렇게 하기 쉽지 않은데. 열정이 뛰어나니 언젠가는 뜻을 이루리라 봅니다. 그리고 실패한 이유는 너무나 명확합니다. 다음 이야기가 답이 되겠네요.

중국 어느 때, 어느 곳에 '서시'라는 미녀가 살았다. 서시는 약간의 두통이 있어서 가끔씩 찌푸렸다. 그 찌푸리는 모습조차 아름다웠다. 그 마을에 못생긴 여자가 살았다. 그 여자는 서시를 가만히 관찰하다가 서시가 찌푸리는 모습에 주목했다.

'옳다구나, 저게 바로 서시가 예뻐 보이는 이유구나!'

못생긴 여자는 서시처럼 찌푸리고 다녔다. 동네 사람들은 그 여자를 보고 기가 막혔다. 못생긴 여자가 얼굴까지 찌푸리고 다니니 눈을 뜨고 보기가 괴로웠다.

이유를 알겠죠? 서시가 아름다운 건 얼굴을 찌푸려서가 아닙니다. 그러나 못생긴 여자는 서시가 아름다운 이유가 찌푸리는 표정 때문이라고 착각합니다. 1등을 따라서 공부할 때 열심히 관찰하고, 물어봤겠죠. 조사한 결과를 바탕으로 공부를 했을 테고요. 하지만 관찰하고 조사해서 알아낸 공부법이 진짜 전교 1등 공부비법일까요? 서시는 찌푸리기 때문에 예쁜 게 아니라, 워낙 예쁘기 때문에 찌푸려도 예쁩니다. 진짜를 보지 못하고 겉모습만 관찰해서 1등처럼 공부하면 1등을 따라잡지 못합니다.

공부는 머릿속에서 이루어집니다. 겉만 봐서는 1등 공부의 비밀을 알기 어렵습니다. 그래서 공부비법은 말로 하기 어렵습니다. 인간의 머릿속에서 이뤄지는 작용을 글로 옮겨서 이해시키는 게 쉽지 않습니다. 시중에 숱한 공부법 책이 나오지만 그 책대로 해도 성적이 잘 오르지 않는 이유입니다.

제나라 '환공'이 글을 읽는데 목수 '윤편'이 일을 하다 말고 질문을 던졌다.

"임금님. 그 책에는 도대체 어떤 글이 담겼습니까?"

"이 책에는 성인의 말씀이 담겼다."

"그 성인이 지금도 살아계시나요?"

"옛날 분으로 돌아가셨지. 이 책에는 그 분이 남긴 말씀이 담겼다."

"그렇다면 그 책에 담긴 글은 옛사람의 찌꺼기일 뿐이로군요."

자신이 읽는 책이 옛사람의 찌꺼기라며 하찮게 여기자 환공은 화가 났다.

"찌꺼기라니? 목수 따위인 네가 무얼 안다고 함부로 입을 놀리느냐? 만약 네가 찌꺼기라고 한 이유를 제대로 말하지 못한다면 가만두지 않겠다."

윤편은 담담하게 대답했다.

"저는 그저 제 경험에서 깨달은 바대로 답했을 뿐입니다. 저는 수레바퀴를 만듭니다. 수레바퀴를 만들 때 구멍을 뚫는데 바퀴 구멍을 너무 크게 해도 안 되고 너무 작아도 안 됩니다. 구멍과 받침대가 딱 맞아야 하는데 단지 수치만 맞아서 되지는 않고 호흡이 잘 맞아야 합니다. 제가 터득한 비법을 아들에게 알려주려고 오랫동안 시도했는데 아들은 좀처럼 깨닫지 못했습니다. 제가 아는 비법은 말로 표현하기 어렵습니다. 단지 오랜 경험을 통해 터득할 수 있을 뿐이므로 아직까지도 제대로 전수를 못했습니다. 수레를 만드는 일이나, 세상사 도리를 깨닫는 일이나 마찬가지라고 봅니다. 옛 사람도 정말 중요한 대목은 글로 남기기 어려웠을 것입니다. 그래서 제가 임금께서 읽고 계신 책을 옛사람의 찌꺼기라 했습니다."

윤편이 하는 말을 살피기 전에 이야기가 전개되는 상황을 보세요. 실로 놀랍지 않나요? 한낱 목수가 제나라를 다스리는 왕이요, 춘추시대를 처음으로 제패한 환공 앞에서 환공을 비판하다니요? 웬만한 사람은 상상으로도 이런 장면을 떠올리지 못합니다. 그러나 장자는 과감하게 목수의 입을 빌어 왕을 비판합니다. 이게 바로 장자의 기상입니다. 천한 일을 하는 사람이 가장 높은 사람에게 과감히 비판의 칼날을 휘두르는 장면을 통해 장자는 겉으로 드러난 지위와 부가 결코 바른 삶을 판단하는 기준이 될 수 없음을 보여줍니다.

이제 목수 윤편이 하는 말에 귀를 기울여 봅시다. 진짜 지혜, 진짜 기술은 글과 말로 전하기 어렵습니다. 몸으로 겪어 봐야 압니다. 직접 해보지 않으면 익히지 못합니다. 언젠가 수영을 아주 잘하는 학생과 수영이라면 가라앉기부터 하는 맥주병 학생이 함께 물놀이를 갔습니다. 맥주병인 학생은 수영을 배우기 위해 애를 썼습니다. 수영을 잘하는 학생은 너무나 쉽게 헤엄을 치고 다녔습니다.

"힘을 빼고 이렇게 하면 돼. 간단하잖아."

아무리 설명해 줘도 맥주병 학생은 따라하질 못했습니다.

"힘을 빼."

"그게 안 돼."

그러게요. 그게 말처럼 쉽게 안 되죠. 저도 수영을 할 줄은 알지만 힘을 완전히 **빼는** 법은 아직도 모릅니다. 머리로는 아는데 몸으로는 안 되더군요.

흔히 남들은 모르는 나만의 비법을 지칭할 때 '노하우'라고 합니다. 이 노하우는 말과 글로는 전달이 안 됩니다. 삶 속에서, 경험 속에서 터득했기 때문이죠. 포정해우(捕丁解牛)란 말을 기억하나요? 포정이 소를 잡는 법을 말로 설명해준다고 해서, 그림을 그려가며 일일이 가르쳐 준다고 해서 그걸 따라 할 수 있을까요? 불가능합니다. 스스로 터득하기 전에는.

영화 매트릭스를 보면 두뇌에 정보를 직접 입력해서 단 몇 초 만에 헬기 조종술을 배우는 장면이 나옵니다. 그런 식으로 두뇌에 정보를 입력하면 단 몇 초 만에 헬기 조종술을 배울 수 있을까요? 아닙니다. 절대 못합니다. 두뇌에 지식을 넣는다고 해서 헬기 조종을 할 수 있는 게 아닙니다. 수많은 경험을 쌓아야만 조종이 가능합니다. 배움은 글이나 말이 아니라 체험 속에서 완전해집니다.

공부를 잘하고 싶다면, 어느 분야에서 특별한 능력을 갖추고 싶다면 자기만의 경험이 필요합니다. 숱한 시도와 좌절, 고민과 도전 속에서 자기만의 실력이 갖춰집니다. 포정이 소를 잡 듯, 윤편이 수레바퀴를 만들 듯.

15

배신을 당했어요. 사람 보는 눈이 없는 걸까요?

낮은 데서 볼 때 참모습이 보인다 : 각의刻意

믿었던 친구에게 배신을 당했습니다. 벌써 여러 번입니다. 배신을 당할 때마다 느끼는 것이지만 저는 사람 보는 눈이 참 없습니다. 괜찮다 싶어서 사귀었다가도 후회한 경험이 여러 번입니다. 사회에 나가면 사람 보는 눈이 중요하다는데 이러다 제대로 사회 생활을 못하는 건 아닌지 걱정스럽습니다. 어떻게 하면 사람을 제대로 알아보는 능력이 생길까요?

사람을 제대로 알아보기, 진짜 어렵습니다. 그래서 '열 길 물속은 알아도 한 길 사람 속은 모른다'는 말도 있습니다. 사람 키보다 훨씬 깊은 물속은 알아도 2미터도 안 되는 사람 속은 알기 어렵다는 속담입니다. 사람이 그만큼 복잡하고 변화가 심하거든요. 저도 사람 보는 눈이 참 부족합니다. 다만 오래 살다 보니 좋은 사람이 누구인지 대략 가려보는 힘은 생겼습니다. 물론 아직 한참 부족합니다.

사람을 구별하고, 사람을 제대로 알아보는 것은 예나 지금이나 중요한 과제입니다. 장자에 등장하는 수많은 이야기가 사람을 보는 눈입니다. 이런 사람은 이렇고, 저런 사람은 저렇다는 평가가 곳곳에 등장합니다. 아래도 그 중 하나입니다.

산골짜기에 숨어 사는 선비들은 마음이 날카롭고, 멋진 이론으로 세상을 비판하며 혼자 잘난 체한다. 세상의 선비들은 의로움과 충성을 강조하고, 사람들을 가르치려 든다. 벼슬아치들은 큰 공로와 명성을 내세우며 임금과 신하의 예를 강조하고, 세상의 질서를 바로잡으려 애쓰며, 전쟁을 해서 다른 나라를 침략하려 한다. 강과 바다 근처에서 노니는 선비는 한가하게 낚시질하며 세상을 피하며 산다. 팽조처럼 장수하려는 선비들은 깊이 호흡하고, 몸에 좋은 체조를 하며 몸을 건강하게 가꾸려고 애쓴다. 진정한 선비는 뜻을 세우지 않고도 행동이 반듯하며, 어짊과 의로움을 일부러 내세우지 않아도 저절로 그리하며, 큰 명성이 없어도 세상을 다스리고, 강과 바다에서 놀지 않아도 한가하며, 일부러 기운을 끌어들이지 않아도 오래 살고, 모든 걸 잊고도 없는 게 없으며, 마음이 비어 끝이 없다.

선비를 여섯 종류로 나누었습니다. 물론 이보다 더 자세히 나눠도 되겠죠. 여기서 중요한 지점은 선비의 다양한 종류가 아니라 마지막에 '진정한 선비'가 무엇인가 소개하는 부분입니다. 그러니까 사람을 종류별로 구분하는 능력이 아니라, 진정한 사람을 볼 줄 아는 힘이 중요합니다.

중국 역사에서 사람 보는 힘이 가장 뛰어났던 이는 한나라를 세운 한고조 유방입니다. 유방과 맞섰던 항우는 재능은 뛰어났으나 사람 보는 눈이 부족했습니다. 둘이 맞서던 초기에는 항우의 군사력이 훨씬 강했습니다. 유방은 항우에 견주면 새 발의 피였죠. 군사력이 약했던 유방 주위에는 사람이 많았습니다. 유방은 자신이 부족한 점을 뛰어난 부하들의 재능으로 채웠습니다. 반면에 항우는 모든 걸 자기가 하려고 했죠. 워낙 잘났으니까요.

유방이 지닌 사람 보는 능력을 가장 잘 보여주는 사례가 한신입니다. 아마 한신이 없었다면 유방과 항우의 싸움에서 항우가 이겼을지도 모릅니다. 한신 때문에 유방이 항우와 싸움에서 승리합니다. 그 정도로 한신은 뛰어났으며, 나중에 유방은 '지금까지도, 앞으로도 절대 한신 같은 장수는 없으리라'고 확신합니다. 제가 공부한 바로는 중국 최고의 장수는 한신입니다. 제갈공명조차 한신에게는 한 수 접어야 할 정도죠.

그런 한신이 처음에는 항우의 경비병 신분이었습니다. 역사상 최고의 재주를 지녔지만 항우는 한신을 알아보지 못했습니다. 자기보다 뛰어난 장수가 있으리라고는 생각지도 않았습니다. 유방은 달랐습니다. 자신이 부족한 걸 알았기 때문에 한신의 재주를 알아봤습니다. 그래서 항우의 경비병인 한신을 빼내서 장군으로 삼죠. 사람 보는 눈의 차이가 유방을 승리자로, 항우를 패배자로 만듭니다.

사람을 제대로 보려면 자신이 부족함을 받아들여야 합니다. 내 기준이 완벽하지 않음을 인정해야 합니다. 자신을 낮출 때 다른 사람이 보입니다. 위에서 보면 보이지 않습니다. 낮은 데서 봐야 다른 사람이 어떤지, 어느 정도 인물인지 보입니다.

 지혜와 기교를 버리고 자연의 이치를 따른다.

장자가 끊임없이 강조한 원칙입니다. 사람을 보는 데서도 그대로 적용됩니다. 지혜도 버리고, 기교도 버리고, 자연의 이치대로 사람을 보시기 바랍니다. 순리에 맞춰 살다 보면 순리에 어긋나게 사는 사람이 보이기 마련이며, 순리에 맞게 사는 사람을 알아보는 힘이 생깁니다. 사람 보는 힘이란 결국 자기 삶을 얼마나 충실하게 사느냐의 문제입니다.

16

제 재능이 무엇인지 모르겠어요

지식과 욕심이 본성을 가린다 : 선성繕性

저는 아직 꿈이 없습니다. 솔직히 제가 뭐가 되고 싶은지 모르겠습니다. 어른들에게 여쭤보면 적성에 따라 가라고, 잘하는 걸 하라고 하지만 저는 제가 뭘 잘하는지, 적성이 뭔지 모르겠습니다. 친구들을 보면 한 두 가지 이상의 재주가 있는데 저는 아무리 생각해도 모르겠습니다. 제가 지닌 재능을 어떻게 알 수 있을까요?

나는 무엇을 좋아할까? 어떤 것을 잘 할 수 있을까? 어떤 재주를 타고 났지? 10대 때는 이런 질문을 많이 던집니다. 그러나 안타깝게도 많은 10대들이 자기가 무엇을 좋아하는지, 자신의 재능이 무엇인지 잘 모릅니다. 제대로 된 교육이라면 교육과정 속에서 자연스럽게 드러나야 하는데, 우리나라는 암기식 교육, 시험 보기 위한 교육만 하다 보니 청소년들이 본래 자기 모습을 찾지 못합니다. 참으로 안타까운 일입니다. 아니, 무지하게 심각한 일입니다.

어리석은 사람은 세상의 학문으로 본성을 다스려 진짜 자기 모습으로 돌아가기를 바란다. 또한 세상에 흔해빠진 생각으로 욕망을 다스려 밝은 지혜를 추구하려 한다. 그러나 도(道)를 닦는 사람은 물건 욕심에서 벗어나 깨끗함과 고요함 속에서 본성을 찾는다. 세상의 지식으로 본성을 가리지 않고 본성대로 산다. 지식과 욕심을 버리면 조화로운 마음이 솟아난다.

지식과 욕심이 본성을 가립니다. 진짜 자신을 잃어버리게 합니다. 지식과 욕심을 버리면 진짜 자신을 발견합니다. 욕심이야 그렇다 쳐도 지식이 많은 게 문제라는 말에 약간 의심이 들지요? 아는 게 힘이요, 지식이 많으면 대접받는 세상인데 지식이 왜 자기 본성을 가린다고 말할까요?

지식은 다른 사람들이 쌓았습니다. 내가 쌓은 지식이 아니라 오랜 역사 속에서, 수많은 사람들의 노력을 통해 쌓아올린 탑입니다. 내 것이 아닙니다. 내 안에서 나오지 않았습니다. 따라서 지식에 지나치게 의존할 경우, 내가 아니라 남이 내 생각과 판단을 좌우하게 됩니다. 지식이 지나치면 자기를 잃어버리게 되고, 남이 만들어놓은 지식에만 얽매입니다. 지식에 얽매이다 보면 지식이 자기를 잃게 만듭니다.

우리나라 교육을 보면 이 말이 무슨 뜻인지 명확히 드러납니다. 우리나라 교육은 거의 처음부터 끝까지 지식이 중심입니다. 끊임없이 지식을 익히라고 요구하고, 얼마나 많은 지식을 알고 있는지 시험을 보며, 지식을 누가 더 많이 아느냐로 1위부터 꼴등까지 등수를 매깁니다. 오로지 지식만을 강조합니다.

학교가 요구하는 지식을 제대로 흡수하지 못하는 학생은 뒤로 밀립니다. 지식을 많이 습득한 학생은 재능이 뛰어나다고 판단하고, 성적이 나쁜 학생은 재능이 없다고 판단합니다. 학교 성적으로 재능과 적성을 판단하려고 할수록 자기 재능과 적성이 뭔지 드러나지 않습니다.

적성은 타고난 본성입니다. 다른 누구도 아닌 자기 안에 담긴 재능입니다. 재능은 지식과 관련이 없습니다. 타고나기 때문입니다. 지식에 얽매이지 말고, 학교 성적에 휘둘리지 말고 자신을 바라보기 바랍니다. 분명 살아오면서 자신이 잘했던 게 보일 겁니다. 그게 무엇이든 상관없습니다. 지식에 얽매이지 않고, 다른 사람의 말에 흔들리지 않고 자신을 바라보면 자기 적성과 재능이 보입니다.

욕심도 적성과 재능을 발견하지 못하게 합니다. 욕심이 많으면 늘 탈이 나지요. 지나친 욕심이 문제를 일으킨다는 사실은 누구나 압니다. 욕심 때문에 자기 본성을 잃고, 자신이 진짜 나아갈 길을 찾지 못합니다. 이거야 누구나 알고, 동의하는 진실입니다. 적성을 찾는 일도 마찬가집니다.

상당수 학생들이 사회가 인정하는 학교, 돈 많이 버는 직업, 풍요로운 삶을 꿈꿉니다. 사회가 알아주지 않는 학교, 돈 못 버는 직업, 돈 걱정하며 사는 삶은 끔찍이 싫어합니다. 눈이 높은 데 머뭅니다. 자신이 타고난 재능이 아님에도 변호사, 의사, 외교관, CEO, 선생님이 되고 싶습니다. 그런 게 좋은 직업이라고 여기며, 그런 정도의 직업을 목표로 공부해야 한다고 믿습니다. 그런데 자기를 보니 아무리 봐도 그 중에 뭐가 적성인지 보이지 않습니다. 욕심이 적성을 발견하는 눈을 가려 버립니다. 사회가 바라는 학교, 돈 많이 버는 직업이 중심이다 보니 적성이 보이지 않습니다.

 사람들은 욕심에 자신을 잃고, 세상을 따르다 본성을 잃는다.

욕심이 자신을 잃어버리게 만듭니다. 욕심을 버리면 자신이 보입니다. 돈 많이 버는 일을 직업으로 삼아야 한다는 욕심을 버리면 적성이 의외로 쉽게 보입니다. 세상이 요구하는 대로 살다 보면 자신을 잃습니다. 세상이 요구하는 직업에 얽매이지 않으면 적성이 고스란히 드러납니다.

잘난 친구가 부러워요

모든 존재는 각각의 쓰임이 있다 : 추수秋水

저희 반 친구 중에 정말 나대는 아이가 있어요. 뭔 일을 하든 앞장서고, 잘난 척하고, 자기만이 최고라고 자랑해요. 정말 꼴 보기 싫어요. 그런데 솔직히 말하면 부럽기도 해요. 항상 적극적이고, 친구들을 잘 이끌거든요. 잘난 척한다고 비웃으면서도 한 편으로는 부러우니 저도 진짜 제 마음을 모르겠어요.

'부러우면 지는 거야!' 하면서 부러워하지 말라고 하지만 솔직히 부러운 사람 많지요. 돈 많은 사람이 부럽고, 지위 높은 사람이 부럽고, 활발한 사람이 부럽고, 잘 생긴 사람이 부럽고, 공부 잘하는 사람이 부럽고, 키 큰 사람이 부럽고, 유머를 잘 하는 사람이 부럽고, 말 잘하는 사람이 부럽고, 글 잘 쓰는 사람이 부럽고, 친구 많은 사람이 부럽고……. 부럽고, 부럽고, 부럽습니다.

나댄다고 싫어한다고 했지만 스스로 인정했듯이 본마음은 부러움이네요.

발이 하나밖에 없는 '기'라는 동물은 발이 많은 지네를 부러워하고, 발이 많은 지네는 발 없이도 움직이는 뱀을 부러워하고, 발이 없이 움직이는 뱀은 자유로이 움직이는 바람을 부러워하고, 자유로이 움직이는 바람은 움직이지도 않고 가는 눈(目)을 부러워하고, 움직이지도 않고 가는 눈(目)은 보지 않고도 많이 아는 마음을 부러워한다.

없으면 부럽습니다. 없으면 욕망이 생깁니다. 사람은 결핍과 부족함을 채우려고 욕심을 냅니다. 나도 없고, 남도 없으면 부러워하지 않습니다. 내가 없는데 남에게 있으면 부럽지요. 스마트폰이 아무에게도 없을 때는 스마트폰 욕심이 없지만, 누군가에게 스마트폰이 생기면 부러운 마음도 생기고, 자신도 스마트폰을 갖고 싶다는 욕심이 생깁니다. 부러움은 견주는 마음에서 비롯합니다.

어떤 사람이 한 달에 1천만 원을 법니다. 주위를 둘러보니 대부분 자기보다 돈을 적게 법니다. 주위와 견줘보니 자기 수입이 참 만족스럽습니다. 행복합니다. 그런데 이 사람이 이사를 갔는데 그 동네는 한 달에 5천만 원씩 버는 사람들이 사는 동네였습니다. 주위 사람과 견줘 봅니다. 자신은 지독하게 가난하다고 느끼고, 불행해집니다.

똑같이 한 달에 1천만 원을 벌지만, 보통 사람이 보기에는 돈을 많이 벌지만, 누구랑 견주느냐에 따라서 행복과 불행이 갈립니다. 불행은 견주는 마음에서, 특히 나보다 잘난 사람과 나를 견주는 마음에서 생깁니다. 견주지 않으면 부러움은 사라지지요.

 견주는 마음이 사라지면 부러움도 사라진다는 말씀에 동의합니다. 하지만 그게 어디 쉽나요? 저는 무인도에서 혼자 사는 사람이 아닙니다. 수많은 친구들 틈에서, 사람들 틈에서 살아갑니다. 당연히 주위 사람과 절 견줄 수밖에 없습니다. 견주지 말라는 충고는 실천이 불가능합니다.

맞습니다. 우린 사람들 틈에서 살아가기 때문에 견주는 마음은 어쩔 수 없을지도 모릅니다. 그래서 장자는 '세상 속에 살면서 세상에 물들지 말라'고 했지요. 참 어려운 이야기이긴 합니다만 진리입니다. 세상을 등지고 살 수는 없습니다. 다만 세상에 지나치게 물들지 않고 살겠다는 결심은 충분히 가능하리라 믿습니다.

견주는 마음을 없애기 어렵다면 진짜 제대로 견주며 사는 건 어떨까요. 진짜 거대한 존재와 자신을 견주는 것입니다.

황하강은 정말 크다. 한쪽에서 다른 쪽을 보면 소와 말을 구분하지 못할 정도다. 황하강의 신은 몹시 기뻐하며 잘난 척했다. 황하의 신은 계속 흘러 바다에 도착했다. 황하의 신이 바다에 이르러 살펴보니 바다의 크기는 짐작하기조차 어려울 정도로 거대했다. 황하의 신은 그때서야 부끄러워하며 바다의 신을 보며 말했다.

"속담에 이르기를 백 가지 도리를 알고는 자신이 최고라고 여기는 자가 있다고 하는데 저를 두고 하는 말이었습니다. 참으로 부끄럽습니다."

바다의 신이 말했다.

"우물 안의 개구리는 아무리 바다를 말해줘도 모른다. 자신이 사는 곳에 얽매이기 때문이다. 여름에 사는 벌레에게 아무리 얼음을 얘기해 줘도 모른다. 시간에 얽매이기 때문이다. 당신은 당신이 얽매였던 강을 벗어나 바다에 이르자 비로소 당신이 얼마나 작고 보잘 것 없는지를 깨달았다."

황하강은 대단히 큰 강입니다. 황하강의 신은 자신이 크다고 자랑했습니다. 잘난 척했지요. 그러다 바다를 만났습니다. 바다와 자신을 견주니 너무나 작고 초라했습니다. 황하강의 신은 바다의 신을 보고 부끄럽다고 말합니다. 겸손해집니다.

바다의 신이 계속 말한다.

"나는 내가 크거나 많다고 여기지 않는다. 나는 하늘과 땅 사이에 위치한다. 나도 거대한 우주의 일부일 뿐이다. 나는 거대한 우주의 관점에서 보면 내가 한없이 작다는 걸 안다. 아무리 잘 난 사람도, 아무리 거대한 산도, 아무리 위대한 업적도 큰 관점에서 보면 그 크기가 동일하다. 누가 잘났고, 누가 못났고 할 일이 아니다."

바다의 신이 하는 말을 잘 새겨 보세요. 저 거대한 바다가, 모든 물을 품는 바다가 자신이 작은 존재라고 여깁니다. 겸손입니다. 온 우주의 관점에서 보면 한없이 작지요. 지구에서 64억km 떨어진 거리에서 태양계 탐사선 보이저2호가 1990년에 지구를 찍은 사진을 보내옵니다. 이 사진을 보고 『코스모스』의 저자인 '칼 세이건'은 이렇게 말합니다.

"여기가 우리의 고향이다. 이곳이 우리다. 지구는 우주라는 광활한 곳에 있는 너무나 작은 무대다. 승리와 영광이라는 이름 아래 이 작은 점의 극히 일부를 차지하려 했던 역사 속의 수많은 정복자들이 보여준 피의 역사를 생각해 보라. 이 작은 점의 한 모서리에 살던 사람들이 거의 구분하기 어려운 다른 모서리에 살던 사람들에게 보여주었던 잔혹함을 생각해 보라. 이 작은 점을 본다면 우리가 우주의 선택된 곳에 있다고 주장하는 자들을 의심할 수밖에 없다. 우리가 사는 이곳은 암흑 속의 얼룩일 뿐이다. 우리의 작은 세계(지구)를 찍은 이 사진보다 우리의 오만함을 쉽게 보여주는 것이 존재할까? 이 창백한 푸른 점보다 우리가 아는 유일한 고향을 소중하게 다루고 서로를 따뜻하게 대해야 한다는 책임을 적나라하게 보여주는 것이 있을까?"

목성의 위치에서 지구를 찍은 사진을 떠올려 보세요. 하나의 점입니다. 거대하다고 여겼던 지구가 하나의 푸른 점으로만 보입니다. 너무 작고 초라합니다. 이 작은 점 위에서 우리는 서로 죽이고, 싸우고, 질투하고, 서로 잘났다고 뽐내면서 살지요. 따지고 보면 참 부질없는 짓입니다.

큰 관점에서 보기 바랍니다. 매우 큰 관점—장자는 이걸 도(道)라고 표현합니다—에서 보면 구별이 사라지고, 질투와 시기도 사라지며, 더 낫고 더 못나고도 의미가 없습니다.

위대한 지혜를 지닌 사람은 멀고 가까운 것을 동일하게 본다. 큰 것을 대단하게 여기지 않으며, 작은 것이라 깔보지 않는다. 물건을 얻어도 기뻐하지 않고, 물건을 잃어도 슬퍼하지 않는다. 산다고 기뻐하지 않으며 죽는다고 슬퍼하지도 않는다. 사람들이 아는 건 모르는 것에 견주면 한 없이 작고, 살아가는 시간이란 살지 못하는 시간에 견주면 한 없이 작다. 너무나 작은 처지에서 너무 큰 것을 추구하기에 항상 문제가 생기고 욕심이 일어난다.

대붕의 관점에서 보면 모두 같습니다. 자신이 더 많이 안다고 자랑해 봐야 모르는 것이 훨씬 많습니다. 오래 산다고 해 봐야 우주의 시간에 견주면 티끌입니다. 자신이 높은 자리에 올랐다고 해 봐야 진짜 높은 자리에 견주면 여전히 밑바닥입니다.

노예를 천하게 여기지 않는다. 남의 힘을 빌리지 않고 내 힘으로 했다고 자랑하지 않는다. 다른 사람이 욕심 많다고 비난하지 않으며 특이한 사람을 훌륭하게 여기지 않는다. 아부하고 치사하게 구는 사람도 천하게 여기지 않는다. 귀하고 천한 것을 구별하지 않는다. 크고 작은 것도 구별하지 않는다. 모든 것을 지극히 큰 관점에서 보면 구별이 사라진다.

'모든 인간은 평등합니다' 다 아는 얘기지요. 실천하기 참 어렵지만 진리입니다. 남이 아무리 나보다 잘나 보여도 결국 평등합니다. 부러워할 이유가 없습니다. 나보다 아무리 못나 보여도 나와 평등합니다. 깔볼 이유가 없습니다.

큰 기둥은 벽을 무너뜨리고 집을 짓는 데는 쓸만 하나, 작은 구멍을 막는 데는 쓸모가 없다. 천리마는 하루에 천리를 달리지만 쥐를 잡는 데는 쓸모가 없다. 올빼미는 밤에 엄청난 능력을 발휘하지만 낮에는 눈 뜨고 큰 산도 보지 못한다. 따라서 각자 쓰임이 있는 법이다. 자기 쓰임에 맞게 살면 되는 것이지, 무엇이 귀하고 무엇이 천하고 따위는 없다. 만물은 평등하다.

각자 쓸모가 다릅니다. 자기 재능은 다 다릅니다. 거대한 관점에서 보면 다 같지만, 세밀한 관점에서 보면 각기 다릅니다. 그 다름을 그대로 받아들이라는 뜻입니다. 자기 본성을 찾으면, 자기 능력을 찾으면 굳이 남과 견줄 이유가 없습니다. 견줘봤자 의미도 없습니다.

옳고 그름을 판단하기가 힘들어요

무위無爲의 자세로 토론한다 : 지락至樂

제가 옳고 그름을 결정해야 하는 상황이 되면 곤혹스러울 때가 많습니다. 친구들끼리 다툼이 생겼을 때 누가 옳은지 판단하기가 진짜 어려워요. 감정까지 끼어들면 어떻게 해야 할지 모르겠어요. 토론을 할 때도 마찬가집니다. 문제가 나오면 무엇이 옳은지, 그른지 판단을 못하겠어요. 그러고 보니 형제끼리 다툴 때 부모님들이 얼마나 곤란한 기분일지 이해가 갑니다. 그래도 옳고 그름을 판단하기는 해야 하는데 어떻게 하면 좋을까요?

형제끼리 다툼이 날 때 부모님이 어떤 기분일지 이해하다니 기특하네요. 사람은 자신이 겪어봐야 남을 이해하죠. 같은 처지에 처해보지 않고서는 웬만해서는 다른 사람을 이해하기 어렵습니다. 남과 같은 경험을 하고 나면 남을 이해합니다. '동병상련(同病相憐)'이죠.

어떤 아빠가 늘 그랬답니다.

"야, 감기에 걸리면 많이 먹어야지. 안 먹으니까 감기가 안 낫잖아."

"아니, 그 정도 감기로 뭐 그렇게 죽는 시늉을 하냐? 그게 뭐 아프다고."

자신은 이날 이때까지 감기 한 번 걸리지 않은 건강 체질이라 아빠는 아이들이 아프거나, 엄마가 아파도 이해를 못했습니다. 그러던 어느 날 아빠가 덜컥 감기에 걸렸습니다. 아, 그랬더니 죽네, 사네 하면서 힘들어 하더랍니다.

"아빠, 감기 걸리면 밥 많이 먹으라고 하셨잖아요. 빨리 드세요."

"여보. 감기로 뭐 그렇게 죽는 시늉을 해. 감기는 하나도 안 아프잖아."

아이들이랑 엄마가 실컷 놀렸는데 아빠는 아무 소리도 못했답니다.

"에고, 아파 보니 알겠네."

그 뒤로 아이들이나 엄마가 아플 때 아빠의 태도가 완전히 바뀌었답니다.

경험이 중요하지요. 선택의 순간에 서 본 사람, 옳고 그름을 판단하는 위치에 서 본 사람은 그게 얼마나 곤혹스럽고 어려운지 압니다. 잘못 결정하면 인간관계가 틀어지고, 일이 어긋날지도 모른다는 걱정을 해 본 사람만이 선택의 어려움을 이해하지요.

세상 사람들은 부귀와 장수와 명예를 중요하게 여긴다. 맛있는 음식과 아름다운 옷을 좋아한다. 가난하고, 병들고, 빨리 죽는 걸 싫어한다. 몸이 힘들고, 맛있는 음식을 먹지 못하고, 좋은 옷을 입지 못하면 불행하다고 여긴다. 세상 사람들은 자기 몸 위하는 걸 좋다고 말한다.

자기 몸을 괴롭혀 돈을 많이 벌지만 결국 다 쓰지도 못하고 죽는다. 오래 살지만 정신은 흐릿하고 깨어 있지 않다. 높은 지위에 머물기 위해 밤낮을 가리지 않고 걱정하며 일해야 한다. 맛난 음식은 혀를 자극하고, 아름다운 옷은 눈을 자극할 뿐이다. 과연 무엇이 좋고, 무엇이 나쁜가?

세상을 위해 희생한 사람은 정말 훌륭한 걸까? 자기 몸을 죽인 행동이니 옳지 않은 행동이지만, 다른 사람을 살린 행동이니 옳은 행동이다. 무엇이 옳고 그른지 모르겠다. 세상의 즐거움과 괴로움이 진실로 즐거움이고 괴로움인지 알기 어렵다.

장자도 세상의 옳고 그름을 판단하기 어렵다고 말합니다. 단순히 대붕의 관점에서 보기 때문에 어렵다고 말하는 게 아니라 기준에 따라 판단이 달라지므로 옳고 그름을 판단하기가 어렵다고 말합니다. 사람들이 좋다고 말하는 것에도 단점은 있기 마련입니다. 무조건 다 좋은 결정, 다 옳은 결정은 없습니다. 보통 가난이 힘들고, 나쁘다고 판단하지만 가난이 주는 장점도 분명 존재합니다.

장자는 옳고 그름을 명확히 구분하는 일은 몹시 어려우며, 옳고 그름을 판단하려면 오직 무위를 통해야 한다고 말합니다.

> 진실한 즐거움은 무위(無爲)에 있다. 진실한 옳음도 무위에 있다. 옳고 그름을 판단하는 일은 쉽지 않다. 오직 무위만이 옳고 그름을 결정한다.

무위(無爲), 일부러 하지 않는다는 말입니다. 인간의 뜻을 쓰지 않고, 자연 그대로 내버려 둔다는 뜻입니다. 자연 그대로, 자연의 질서를 인정하고 받아들이는 태도를 무위(無爲)라고 합니다. 말은 그럴싸한데 실천하기가 쉽지 않습니다. 현대사회는 이미 자연의 질서 자체가 깨져 버렸습니다. 자연의 질서가 무엇인지도 명확하지 않습니다.

결국 복잡한 현대사회의 특성을 고려하면 '옳고 그름이 명확하지 않으니 내 의견이 옳을 수도 있지만, 남의 의견이 맞을 수도 있다'는 점을 인정하는 정도가 장자의 가르침과 어울린다고 봅니다. 물론 둘 다 틀릴 수도 있고, 둘 다 맞을 수도 있습니다. 옳고 그름에 관해 열린 자세를 지키세요. 남의 의견을 존중하고 배려하는 자세가 민주주의 기본정신입니다.

그러고 보니 민주주의와 장자는 서로 통합니다. 사람을 평등하게 본다는 점에서, 옳고 그름의 상대성을 인정한다는 점에서 통합니다. 민주주의는 합의 내용보다, 합의 과정을 중요하게 여깁니다. 토론이 중요합니다. 옳고 그름을 강요하지 말고 토론을 통해 서로 이야기를 충분히 나누면서 최선의 선택을 해야 합니다. 서로 존중하면서 생각의 차이를 인정하고, 서로 생각을 나누는 과정이 토론입니다. 판단 자체보다 판단에 이르는 과정이 더 중요합니다. 옳고 그름이 헷갈릴 때 토론보다 좋은 해결책은 없다고 봅니다.

열심히 노력했는데 결과는 실망스러워요

노력을 의식하면 진정한 노력이 아니다 : 달생達生

저는 정말 열심히 노력했습니다. 공부를 잘하려고 노력했으며, 친구 관계를 잘 풀어보려고 노력했습니다. 반장이 되어서는 반장 노릇을 잘하려고 노력했습니다. 그런데 노력할 때마다 기대에 못 미칩니다. 부모님도 실망을 많이 하시지만 저 자신도 저에게 실망을 많이 합니다. 노력은 성공의 어머니라고 하는데 저는 점점 그 말을 믿기 어렵습니다. 노력해도 성과가 나오지 않으니 답답합니다.

노력하면 성공할 가능성이 높지요. 그러나 노력한다고 모두 다 성공하지는 않습니다. 이 점을 많은 사람들이 착각합니다. 처음에는 노력이면 다 될 듯 잘못 판단하고, 나중에는 노력해도 성공은 못한다고 잘못 판단합니다.

노력해도 성공하지 못했다면 먼저 노력의 수준이 부족하지는 않았는지 살펴야 합니다.

'중니'가 초나라로 가는 길에 꼽추가 매미를 잡는 걸 봤다. 꼽추는 바닥에서 도토리를 줍듯이 아주 쉽게 매미를 잡았다.

"정말 매미를 잘 잡는군요. 신통합니다. 비법이 뭡니까?"

"저는 매미채 위에 알을 두 개 놓고 떨어뜨리지 않으려고 연습합니다. 익숙해지면 매미 잡기가 아주 수월해집니다. 알을 세 개 쌓고도 떨어뜨리지 않으면 매미 잡기를 실패하는 경우가 열에 한 번 정도입니다. 알을 다섯 개 쌓아 놓고도 떨어뜨리지 않으면 매미를 도토리 줍듯이 잡게 됩니다. 이 정도 경지에 다다르면 어느 것에도 마음을 빼앗기지 않고, 모든 잡념이 사라집니다. 그 수준에 도달했으니 매미 잡는 일이야 너무나 쉽지요."

매미를 잡을 때 사용하는 매미채를 떠올려 보세요. 그 위에 달걀을 올려놓습니다. 달걀을 떨어뜨리지 않으려면 얼마나 연습해야 할까요? 상상 못할 정도로 연습했겠죠. 그 정도도 대단한데 달걀을 두 개, 세 개, 다섯 개를 올려놓고 연습했답니다. 와! 엄청나지요. 그렇게 엄청나게 연습하니 매미채를 쓰는 능력이 달인의 경지에 이르지요. 그 정도 되니 매미 잡는 일이 쉬울 수밖에요. 노력했다고 했지요? 과연 이 정도 노력을 했나요?

'단표'는 바위 굴 속에서 살았다. 백성과 이익을 다투지 않고 여유롭게 살아서 나이 칠십이 되어도 어린아이의 얼굴빛이었다. 그러나 불행히도 굶주린 호랑이를 만나 죽었다.

'장의'는 부자와 가난한 사람을 구별하지 않고 잘 사귀었다. 그러나 나이 사십에 병에 걸려 죽었다. 단표는 속마음을 길렀으나 바깥인 몸을 호랑이가 먹어버렸고, 장의는 몸 밖 사람은 잘 사귀었으나 자기 안을 돌보지 못해 죽었다. 안과 밖을 조화롭게 기르지 못하면 자신이 무너지는 법이다.

노력을 할 때 한쪽으로 치우친 노력은 아닌지도 되돌아봐야 합니다. 단표는 몸 안쪽만 살폈습니다. 자의는 몸 밖의 관계만 살폈습니다. 둘 다 너무 치우쳤습니다. 균형이 무너졌습니다. 노력도 마찬가집니다. 너무 지나치게 한쪽으로만 쏠려서 노력하지 않았는지 되돌아보기 바랍니다.

늘 일이 안 풀리는 사람이 찾아와서 '편경자'에게 물었다.

"저는 열심히 몸과 마음을 갈고 닦았습니다. 열심히 노력했습니다. 그런데 제대로 되는 일이 없습니다. 농사를 지어도 풍년을 만나지 못하고, 임금을 섬겨도 인정을 못 받고, 백성들을 열심히 돌보았지만 제대로 다스리지 못했습니다. 저는 왜 노력해도 안 되는 걸까요?"

편경자가 대답했다.

"자신을 잊지 못해서입니다. 당신은 억지로 노력해서, 자기 자신을 내세우려 했습니다. 열심히 노력해서 자신을 드러내려고만 하니 제대로 될 리가 없지요."

편경자는 열심히 노력했는데도 안 된 경우에는 자신을 너무 내세우려 했기 때문이리고 말합니다. 자신을 잊지 못했기 때문입니다. 인정받으려 하고, 노력으로 지나치게 성과를 얻으려고 하니 성과가 없는 것입니다. 지나치게 인정받으려고 노력하지는 않았는지 살펴보시기 바랍니다.

지금까지 노력에 관한 세 가지 충고였습니다. 그런데 이렇게만 말하면 장자가 노력을 굉장히 중요하게 여기는 사람처럼 보이는데, 사실 장자는 억지로 하는 노력을 환영하지 않습니다.

질그릇을 내기로 해서 활을 쏘면 잘 쏜다. 반면에 조금 비싼 물건을 걸고 활쏘기 내기를 하면 부담이 생기고, 황금을 걸고 활쏘기 내기를 하면 눈이 가물가물하다. 활 쏘는 기술은 늘 같지만 아껴야 할 물건이 걸리고, 바깥 물건에 마음을 빼앗기면 마음이 흔들린다.

야구 경기를 보세요. 평범한 경기 상황일 때는 투수들이 공을 잘 던집니다. 그러나 승부를 결정하는 시기가 되면 갑자기 흐트러집니다. 자기가 던진 공 하나에 승부가 갈린다는 점을 의식하면 긴장하고, 평소 실력을 발휘하지 못합니다. 축구 경기에서 페널티킥을 차는 선수도 마찬가집니다. 축구 선수라면 페널티킥은 쉽습니다. 그러나 내 발 끝에 승부가 결정된다는 압박감이 공을 엉뚱한 곳으로 보내는 실수를 만듭니다.

시험도 마찬가집니다. 평소에 잘 하다가도 시험만 보면 망치는데, 그것은 시험을 너무 의식하기 때문입니다. 의식하면 실력 발휘를 제대로 못합니다. 내가 시험을 보는지 안 보는지 잊을 때 시험을 자기 실력대로 봅니다. 투수가 공을 던질 때 아무리 급박한 승부처라 해도 아무 상관이 없다는 마음으로 편하게 던지면 공이 제대로 들어갑니다. 평상시처럼 페널티킥을 찰 때 아무렇지 않게 성공합니다.

노력도 마찬가집니다. 노력을 할 때 노력을 잊어야 합니다. 내가 노력한다고 느끼면서 하는 노력은 제대로 된 노력이 아닙니다. 노력한다는 의식조차 하지 않고 자연스럽게, 평상시처럼 생활하는 자세, 그것이 진짜 노력입니다. 장자 말을 빌리면 인위가 아니라 무위지요. 억지로 하지 않고 자연스럽게 해야 합니다.

> 신이 발에 딱 맞으면 발을 잊으며, 허리띠가 알맞으면 허리를 잊는다. 마음이 알맞은 상태에 이르면 옳고 그름을 잊으며, 세상사에 얽매이지 않는다.

정말 자기 몸에 맞는 생활이면 그것을 굳이 의식하지 않습니다. 노력도 자기 몸에 딱 맞는 노력을 하면 별로 의식하지 않습니다. 잊어버리지요. 평상시에 노력을 많이 했다고 하는데, 억지 노력을 하지 않았는지 되돌아보기 바랍니다.

장자가 공자를 많이 비판하기는 합니다만 지금 이 주제와 딱 맞는 공자 말씀이 있습니다.

 재주를 타고난 자는 노력하는 자를 이기지 못하고, 노력하는 자는 즐기는 자를 이기지 못한다.

즐기는 자, 바로 자신을 잊고 일 자체를 재미있게 즐기는 사람입니다. 즐기는 사람은 억지 노력을 하지 않습니다. 재미나게 살 뿐입니다. 친구관계도, 공부도, 반장 역할도 그저 재미나게 합니다. 자신이 친구를 사귀고, 공부를 하고, 반장 역할을 한다는 사실조차 의식하지 않습니다. 다만 즐길 뿐입니다.

진짜 익숙해지면 자신이 뭘 한다는 의식을 아예 하지 않습니다. 운전에 익숙해지면 자신이 운전한다는 의식이 사라집니다. 그냥 할 뿐이지요. 수영을 잘 하면 자신이 수영을 한다는 사실조차 잊습니다. 공부를 잘하는 이들은 자신이 열심히 공부한다는 사실조차 잊습니다. 그저 즐겁게 할 뿐이죠.

노력하지 마세요. 노력한다는 마음을 잊고 즐기시기 바랍니다. 그게 '무위(無爲)의 노력'입니다.

저만 손해 보는 듯해서 화가 나요

이익에 얽매이면 큰 위험이 온다 : 산목山木

두달 전에 친구에게 생일선물을 많이 챙겨줬습니다. 몇 달 동안 저축한 돈을 다 모아서 정성껏 선물해줬지요. 며칠 전 제 생일에 그 친구는 싸구려 선물만 주었습니다. 선물은 받았는데 손해 보는 기분이 들어서 기분 나빴어요. 저는 주는 만큼 받아야 한다고 여기지는 않지만 그래도 어느 정도 균형은 이뤄야 한다고 봅니다.

이런 저를 보고 엄마는 제가 너무 이익과 손해에 얽매인다고 나무랍니다. 평소에도 손해 보는 걸 끔찍이 싫어하는 게 거슬렸다고 하시네요. 아무리 친구 관계지만 손해 보지 않으려는 마음은 당연한 거 아닌가요? 그리고 진짜 친구라면 받은 만큼 주려고 노력해야 하지 않나요?

비싼 선물을 사주었는데 돌아오는 선물은 싸구려라니, 정말 서운했겠네요. 서운한 마음이야 충분히 이해가 갑니다. 그리고 서운하다는 건 그 친구가 진짜 친구가 아니란 뜻이기도 합니다. 진짜 친구라면 그 친구가 무얼 해주든 별로 마음이 흔들리지 않았겠지요. 물건이 오고가는 걸로 친구관계가 결정되면 그건 진짜 친구가 아니니까요.

이익을 중심으로 맺어진 사람들은 어려움을 겪으면 서로 버린다. 진실로 맺어진 사람은 어려움을 당하면 서로 뭉친다. 담백하게 사귀면 서로 친해지지만, 달콤함을 좇아 사귀면 쉽게 끊어진다.

우정 하면 관중과 포숙이죠. 둘이 얼마나 대단한 우정을 맺었으면 '관포지교(管鮑之交)'라는 말이 나왔겠어요. 관중과 포숙의 관계에서 이익은 늘 관중이 보았고, 포숙은 늘 손해를 보았습니다. 장사를 할 때도, 정치를 할 때도 늘 손해였지요. 마지막엔 임금 바로 밑의 지위인 재상의 자리를 포숙이 관중에게 양보하기까지 합니다. 그래도 포숙은 서운함이 없습니다. 관중은 포숙이 자신을 위하는 마음을 압니다. 포숙은 관중의 진짜 인물됨을 알고 관중을 적극 지지합니다. 둘은 이익을 떠나서 진정으로 서로를 위해주는 관계입니다.

"나를 낳은 건 어머니나 나를 알아준 건 포숙이다."

관중이 한 말입니다. 이게 우정이죠. 이런 우정은 어려움을 당하면 뭉칩니다. 반면에 이익을 중심으로 뭉친 관계는 어려움이 닥치면 깨집니다. 어려움에 닥쳤을 때 상대가 어떻게 하는지 보면 그 사람이 진짜 제대로 된 친구인지 아닌지 드러납니다.

 장자가 거지 차림으로 위나라 임금을 찾아갔다. 위나라 임금은 한숨을 쉬었다.

"아니 선생께선 어쩌다 이런 곤란한 상황에 빠졌습니까?

장자는 씩 웃으며 말했다.

"가난해진 건 맞지만 곤란한 상황에 빠진 건 아닙니다. 진짜 곤란한 상황은 가난이 아니라 제대로 된 도(道)를 실천하지 못할 때지요. 저는 지금 가난할 뿐 곤란하지는 않습니다."

흔히 가난하면 곤란한 상황에 처했다고 합니다. 어려운 상황에 빠졌다는 뜻입니다. 위나라 왕은 장자가 곤란한 상황에 빠졌다고 걱정합니다. 당연하죠. 아주 유명한 장자가 거지꼴을 하고 자신을 만나러 왔으니 무슨 안 좋은 일을 겪었다고 생각했겠죠. 장자는 담담히 말합니다. 가난은 곤란한 상황이 아니라 그저 가난일 뿐이며, 진짜 곤란은 바르게 살지 못할 때라고. 그래서 자신은 어려운 상황이 아니라고.

친구 관계도 마찬가집니다. 친구가 있고, 없고는 중요하지 않습니다. 이익과 손해를 보는 것도 중요하지 않습니다. 내가 친구를 사귀는 마음이 올바른지, 올바르지 않은지가 중요합니다. 아무리 친구가 많더라도 친구를 사귀는 마음이 올바르지 않으면 곤란한 상황이며, 아무리 친구가 없어도 친구를 사귀는 마음이 올바르다면 아무런 문제가 없습니다.

친구가 많더라도 친구를 사귀는 마음이 올바르지 않으면 곤란한 상황이며, 아무리 친구가 없어도 친구를 사귀는 마음이 올바르다면 아무런 문제가 없다는 말에 동의합니다. 제가 제대로 친구를 사귀는지 고민해보겠습니다. 그런데 친구 관계에서야 이익을 따지지 말아야 한다고 하지만, 다른 사람들과 만날 때는 이익과 손해를 어느 정도 따져야 하지 않을까요? 무작정 손해만 보고 살 수는 없잖아요.

당연한 얘깁니다. 손해만 보고 살 수는 없지요. 이익을 포기하고 살다가는 굶어죽기 딱 좋습니다. 장자처럼 거지꼴이 되겠죠. 거지꼴이 되어도 장자처럼 당당하면 좋겠지만, 솔직히 여러분은 그럴 자신이 없잖아요? 거지꼴은 되지 말아야죠. 그러나 지나치게 이익에 얽매이는 태도는 조심해야 합니다.

장자가 밤나무 밭 근처에서 거니는데 큰 까치 한 마리가 날아갔다. 정말 신기하게 생긴 까치였다. 장자는 밤나무 밭으로 들어가 활로 까치를 겨누었다. 까치는 정신없이 무언가를 노리느라 장자가 자신에게 활을 겨누는지도 몰랐다. 장자가 까치의 시선을 따라가 보니 작은 새 한 마리가 있었다. 작은 새도 무언가에 정신이 팔렸는데 가만히 보니 사마귀를 노려보고 있었다. 사마귀도 무언가에 정신이 팔렸는데 그 끝에는 작은 벌레 한 마리가 있었다. 장자는 화들짝 놀랐다.

"아, 내가 이익에 눈이 멀어 지금 까치를 겨누고 있는데, 누군가 나를 겨누고 있을지도 모르겠구나. 이익에 눈이 멀면 자기에게 찾아온 화를 제대로 살피지 못하는구나."

장자는 얼른 깨닫고 밤나무 밭을 벗어나려 했다. 그때 관리인이 쫓아와 장자를 나무랐다. 관리인은 장자가 함부로 남의 밤나무 밭에 들어왔다면서 심하게 꾸짖었다.

장자가 큰 새(까치)를 노렸습니다. 어리석은 새는 작은 새를 노리느라 자기에게 닥친 위험을 모릅니다. 작은 새는 사마귀를 노리느라, 사마귀는 벌레를 노리느라 정신이 없습니다. 다들 자기 이익에만 빠져서 자기에게 닥친 위험을 알아채지 못하죠. 장자는 이들을 비웃다가 깜짝 놀랍니다. 혹시 그럼 내 뒤에서 누군가 나를 노리나? 아니나 다를까 관리인이 잽싸게 튀어나와 밤나무 밭에 함부로 들어온 장자를 꾸짖습니다.

벌레 ← 사마귀 ← 작은 새 ← 큰 새(까치) ← 장자 ← 관리인

이익에 눈이 멀면 제대로 보지 못합니다. 자기 주변에 닥친 위험이나, 인간관계가 잘 보이지 않습니다. 시선이 이익을 중심으로만 움직이기 때문입니다. 다른 게 보이지 않으니 제대로 상황 파악을 못해서 큰 위험을 알아차리지 못합니다. 이익에 지나치게 얽매이면 큰 위험과 손해가 닥칩니다. 반면 이익에 쓰는 신경을 줄이면 오히려 더 이익을 봄

니다.

스티브 잡스가 이익을 위해 움직이는 직원들을 보고 말했답니다.

"이익을 위해서 만들지 말고, 아름다운 제품을 만드세요."

스티브 잡스가 이끌었던 애플은 아름다운 제품을 만들었고, 그 순간 세계 최고의 기업이 되었죠. 이익을 버릴 때 더 큰 이익을 얻습니다.

장자가 산 속을 가다가 가지와 잎이 무성한 아주 큰 나무를 보았다. 나무꾼이 열심히 나무를 베는데 그 나무는 건드리지 않았다. 이유를 물으니 쓸모가 없어서 베지 않는다고 말했다. 장자가 산에서 내려와 친구 집을 찾았는데 친구가 기뻐하며 하인에게 거위를 잡으라고 하였다. 하인이 물었다.

"한 거위는 잘 울고, 한 거위는 잘 울지 못하는데 어떤 거위를 잡을까요?"

"울지 못하는 거위라니 쓸모가 없구나. 울지 못하는 거위를 잡아라."

다음 날 이 이야기를 들은 장자의 제자가 장자에게 물었다.

"큰 나무는 쓸모가 없어 살아남았지만, 거위는 쓸모가 없어서 죽었습니다. 이걸 어떻게 봐야 합니까?"

장자가 답했다.

"세상은 모이면 흩어지고, 이루면 무너지며, 모가 나면 깎인다. 높으면 질투를 받고 낮으면 천대를 받는다. 인격이 훌륭하면 모함을 받고, 어리석으면 속는 법이다. 따라서 인간 세상에 머무는 한 그 어떤 능력과 도리를 갖춘다 한들 화를 완전하게 피하기는 어렵다."

"그럼 도대체 어떻게 해야 합니까?"

"오직 무위(無為)의 경지에 이르러야만 한다."

이익은 전혀 고려하지 않고 생활하면 주변 사람에게 이용당해서 큰 손해를 봅니다. 이익을 많이 챙기는 사람은 주위 사람이 욕심쟁이라고 신뢰하지 않습니다. 이익을 챙겨도 문제, 이익을 챙기지 않아도 문제입니다. 그 중간에 적당한 위치에 서고 싶지만 쉽지 않습니다.

장자가 한 말을 다시 한 번 읽어보시기 바랍니다. 지위가 높으면 질투를 받고 낮으면 천대를 받으며, 인격이 훌륭하면 모함을 받고 어리석으면 속기 쉽습니다. 참 어렵지요. 어느 하나를 선택했다고 완벽한 선택이 아니라는 말입니다. 세상은 끊임없이 변하고, 이번에는 옳은 선택이어도 나중에는 옳은 선택이 아닐 수 있습니다. 미래는 예측 불가능이지요.

그래서 장자는 계속해서 순리를 따르라고 말합니다. 인위로 하지 말고, 무위로 살라고 말합니다. 어려운 말이지만 그것이 진리가 아닐까요?

양자가 송나라를 지나가다다 한 여관에 머물렀다. 여관 주인에게는 두 명의 부인이 있었는데 한 여자는 미인이었고, 한 여자는 추녀였다. 그런데 여관 주인은 미인은 멀리하고, 추녀를 더 좋아했다. 양자가 이유를 물었다.

"미인인 아내는 자신이 예쁜 것만 믿고 함부로 행동해서 미워졌고, 추녀인 아내는 자신이 못났다는 걸 알고 겸손하고 고운 마음씨로 행동하기에 예뻐졌습니다. 얼굴은 추하나 마음이 너무나 예쁘기에 추한 얼굴조차 잊어버렸습니다."

뻔한 결론이지만 중요한 건 마음입니다. 마음이 고와야지요. 마음을 올바르게 써야 합니다. 인간관계든, 돈이든, 사랑이든, 일이든 상관없이 마음이 중요합니다. 진심은 통합니다. 통하지 않더라도 자기만족을 주지요. 이익이 아니라 마음에 주목하세요. 인류 역사와 더불어 내려온 진리이며, 알고도 실천하지 않는 진리입니다.

21

참다운 선생님을 만나지 못했어요

도道는 똥에도 풀에도 있다 : 전자방田子方

학교에서 많은 선생님을 만났습니다. 학원에서도 많은 선생님을 만났습니다. 이곳저곳에서 많은 선생님들을 만났지만 제가 존경할 만한 선생님은 한 분도 만나지 못했습니다. 거의 모든 선생님들이 그저 지식을 가르치고, 시험을 잘 보는 데만 관심을 두었습니다. 공정하지도 않고, 인격을 가르쳐 주지도 않으며, 인생의 고민을 털어놓을 만하지도 않았습니다. 어쩌다 좋은 선생님들을 만나기는 했지만, 존경할 만한 수준은 아니었습니다. 저에게 선생님 복이 없는 걸까요?

존경할만한 선생님이 없다는 말에 저도 한 번 떠올려 봤습니다. 내 주위에 존경할만한 선생님이 계실까? 믿고 배움을 구할 선생님이 바로 떠오르지 않았습니다. 좋아하는 선생님들은 몇 분 계시는데 존경과 신뢰까지는 아니네요. 아직 저도 제대로 된 스승을 구하지 못한 듯합니다. 학교 때는 딱 한 분 계셨습니다. 마음 깊이 존경하는 분이셨지만 졸업한 뒤로는 한 번도 뵌 적이 없습니다.

 '전자방'이 위나라 왕과 앉아서 얘기를 나눴다. 전자방은 계공이란 사람이 훌륭하다고 여러 번 강조했다. 위나라 왕이 물었다.

"계공이 당신의 스승입니까?"

"아닙니다."

"그런데 왜 그렇게 자주 말씀하십니까?"

"계공은 저의 마을 사람인데 평상시 하는 말이 너무나 마음에 와 닿기에 자주 말씀드릴 뿐입니다."

전자방에게는 스승이 계십니다. 그럼에도 계공이란 인물을 임금에게 훌륭하다고 자꾸 이야기합니다. 마을 사람인데 아주 훌륭하기 때문입니다. 일상생활에서 훌륭함을 보여주는 사람이기에 존경하는 의미로 임금님께 소개합니다.

존경할만한 선생님이 없다고 고민하는데 선생님이 뭘까 생각해보셨나요? 선생(先生), 먼저 태어난 사람이란 말이지만, 단순하게 먼저 태어난 사람을 뜻하지는 않습니다. 앞서 태어난 사람으로서 뒤에 태어난 사람이 보고 배울만한 사람을 선생이라고 합니다.

전자방은 자기 스승을 존경하지만, 일상생활에서 만난 평범한 사람인 계공에게서 멋진 모습을 발견하고 존경합니다. 아마 평상시에 계공에게 많이 배우겠죠. 그 배움이란 선생님과 학생이 가르치고 배우는 방식이 아니라 일상생활을 통한 배움입니다.

진짜 선생님은 말만으로 가르치지 않습니다. 몸과 삶으로 보여줍니다. 공자는 '셋이 길을 가면 반드시 스승이 한 명은 있다'고 했습니다. 배움을 구할 만한 사람이 늘 주위에 있다는 말입니다. 존경할만한 선생님이 없다고 하셨죠? 그것은 주위에서 존경할만한 사람을, 배움을 구할 사람을 보려고 노력하지 않은 탓입니다. 아무리 못난 보이는 사람에게서도 배울 점은 있습니다. 삶을 통해, 대화를 통해 배움을 얻으면 그 분이 나의 선생님이 됩니다.

장자가 노나라 임금을 만났다. 임금이 말했다.

"노나라에는 선비가 참 많습니다. 그러나 장자님의 학문을 배울 선비는 적습니다."

장자가 말했다.

"선비가 많다고 하셨는데 아닙니다. 노나라에는 선비가 적습니다."

"무슨 말입니까? 수많은 사람들이 선비 복장을 하며 다니는데 선비가 적다니 말이 되지 않습니다."

임금이 강하게 반박하자 장자가 제안을 했다.

"그러면 이렇게 하시지요. 제대로 학문을 닦지도 않는 선비이면서 선비 옷을 입고 다니는 자는 모두 사형에 처한다고 명령을 내려 보십시오."

임금은 장자가 제안한 대로 명령을 내렸다. 명령이 내리고 닷새가 지나자 노나라에는 선비 옷을 입고 다니는 이가 없어졌는데, 단 한 사람만이 선비 옷을 입고 대궐 문 앞에 섰다. 임금이 그를 불러 나라를 어떻게 다스려야 하는지 물으니 막힘없이 대답했다.

장자가 말했다.

"노나라에 제대로 된 선비는 딱 한 사람뿐이군요."

노나라 임금이 자기 나라에는 선비가 많다고 하자 장자가 겉으로 선비인 척 하는 사람이 많을 뿐이라고 지적합니다. 노나라 임금이 장자 말을 받아들이지 않자 장자가 시험을 해보자고 합니다. 장자의 시험을 통과한 사람은 딱 한 명입니다. 그 사람이 진짜 선비였습니다.

만약 장자와 같은 실험을 우리나라에서 하면 어떨까요? 진짜 선생님의 자격을 갖추지 못했을 경우 사형에 처한다고 명령을 내린다면 자신이 선생님이라고 나설 만한 사람이 얼마나 될까요? 물론 오늘날 사람을 함부로 죽이는 명령을 내릴 수도 없고, 옳지도 않지만 만약 그런 명령이 내려졌을 때 진짜 선생님은 몇 명이나 될까요? 예상은 자유지만 그리 많지는 않을 것입니다.

겉으로 드러난 이름이나 직위는 진짜가 아닙니다. 속이 진짜지요. 선생님이란 이름을 지녔다고 해서 진짜 선생님은 아닙니다. 선생님이란 이름이 없다고 해서 선생님이 아닌 것도 아닙니다. 선생님이란 겉으로 드러난 이름이 아니라 진실로 선생님다운 능력을 지니고, 선생님답게 살아가는 사람입니다.

주나라 문왕이 강가에 갔다가 낚시를 하는 노인을 만났다. 척 보기에도 대단한 노인으로 보여 모서와 정치를 맡겼다. 그는 특별히 법을 바꾸지도 않았고, 명령을 내리지도 않았다. 노인은 특별한 행동도 하지 않았고 그저 자연스럽게 살았으며, 백성들과 관리들이 자연스럽게 살아가도록 하였다. 삼년 뒤에 문왕이 나라를 돌아다니면서 보니 신하들은 파벌을 없앴고, 관리들은 겸손해졌으며, 시장은 질서가 잡혔다.

　　그 노인은 특별히 무언가를 하지 않았습니다. 신하들과 관리들, 백성들이 그 노인을 보고 절로 배움을 얻어 올바르게 행동을 했을 뿐입니다. 그런 사람이 진짜 선생님입니다. 물론 그런 선생님을 찾기가 쉽지는 않지요. 저도 몇몇 학생들과 부모님들께 선생님이란 칭호를 듣습니다. 그럴 때마다 속으로 부끄럽습니다. 나는 과연 선생님이라 불릴 만한 자격이 되는지 반성합니다. 선생님으로 불리기는 쉽지만, 선생님으로 살기는 참 어렵습니다.

　　동곽자가 장자에게 물었다.
　　"도(道)가 어디에 존재합니까?"
　　장자가 답했다.
　　"모든 곳에 존재합니다."
　　"예를 들어 말씀해 주십시오."
　　장자가 말했다.

"개미에게 있습니다."

동곽자는 깜짝 놀랐다.

"아니 그런 하찮은 개미에게도 도가 있다고요? 말이 됩니까?"

장자는 아랑곳하지 않고 답했다.

"들판에 피는 풀에도 도가 있습니다."

동곽자는 더욱 놀라 물었다.

"아니, 어떻게 더 하찮은 것에 있습니까?"

"기와나 벽돌에도 있습니다."

"더욱 하찮아지시는군요."

"똥에도 있습니다."

동곽자는 기가 막혀 더 이상 말이 나오지 않았다.

"도는 어디에나 있습니다. 어디에 도가 있고, 없고가 없습니다. 세상 모든 곳에 도는 존재합니다."

도(道)가 어디 있느냐는 동곽자의 질문에 장자는 도(道)는 세상 모든 곳, 모든 만물 속에 있다고 합니다. 도(道)가 모든 곳, 모든 사물에 담겨 있다면 언제 어디서나 배울 대상이 존재합니다. 배움은 선생님과 교과서, 참고서와 학원 강의 속에만 존재하는 건 아닙니다. 살아가는 순간 순간에 배움을 구하시기 바랍니다. 배움은 널려 있으며, 온 세상이 여러분을 가르치기 위해 준비 중입니다. 학생 때만이 아니라, 사람으로 살아가는 내내 배움을 향한 열망을 잃지 않기를 바랍니다. 인간은 배우기 위해 세상에 왔습니다. 죽는 그 순간까지~!

22

말을 유창하게 하는 친구가 부러워요

천지는 아름답지만 말이 없다 : 지북유 知北遊

저는 말을 잘 못합니다. 발표도 못하고, 토론이나 회의 때도 어리버리 하다가 제대로 제 의견을 제시하지 못합니다. 제가 말을 잘 못하니 말 잘하는 친구가 참 부럽습니다. 저도 말을 잘 해보려고 노력은 하는데 타고난 재주가 부족해서인지 잘 못하겠습니다. 청산유수처럼 말하는 능력을 얻으려면 어떻게 하죠?

저도 어릴 때 남 앞에 나서기 힘들었습니다. 말도 크게 못했고, 발표를 하려고 하면 가슴이 두근거렸습니다. 한 번은 형과 높은 산에 갔습니다. 단 둘이었는데 형이 큰 소리로 외쳐 보라고 했습니다. 뭐든 소리쳐 보라고 했죠. 그런데 소리 한 번 지르지 못했습니다. 작게는 소리를 내겠는데 크게 내지르려고 하니 목구멍이 막힌 듯 말이 안 나왔습니다.

　그랬던 제가 지금은 수백 명 청중 앞에서 강연을 하고 있습니다. 계기가 있었습니다. 평상시 대화는 잘 하다가도 여러 사람 앞에 가면 떨리기 일쑤였는데, 어느날 우연히 여러 사람 앞에서 연설을 하게 됐습니다. 도대체 그 순간에 무슨 능력이 발휘되었는지 알 수 없지만 아주 유창하고 신 나게 연설을 했습니다. 저 스스로도 놀랄 정도였죠. 그 뒤로 많은 사람 앞에서 말하기가 어렵지 않게 되었습니다.

　딱 한 번의 경험이 저를 바꿨습니다. 물론 그 경험을 하기까지 마음고생을 많이 했지요. 준비도 많이 했습니다. 딱 한 번 성공하고 나자 두려움이 완전히 사라져 버렸습니다. 경험을 만드세요. 작은 자리라도 좋으니, 발표를 잘할만한 경험을 쌓으면 두려움이 사라집니다.

　말을 잘 못해 고민하는 이유는 세상이 말 잘하는 사람을 원하기 때문입니다. 우리 사회의 기준에 맞추고 싶기 때문이죠. 바로 이 지점을 장자는 날카롭게 비판합니다.

　지북유가 무위위를 만나서 배움을 청했다. 무위위는 한가하게 놀 뿐 아무런 대답을 하지 않았다. 산에 올라간 지북유는 광굴을 만났다. 광굴도 대단한 사람처럼 보여 이번에도 배움을 청했다. 광굴은 "알고는 있으나 말을 해주려고 하면 무슨 말을 해야 할지 자꾸 잊어버리는군요." 하면서 답변을 하지 않았다.

　지북유는 궁궐로 돌아와 황제에게 같은 질문을 던졌는데 멋진 답변을 들었다.

"말씀을 들으니 도가 무엇인지 알겠습니다. 그런데 무위위와 광굴은 왜 답을 안 했을까요?"

"아니다. 우리가 말하는 도(道)는 도(道)가 아니다. 참으로 아는 사람은 말하지 않고, 말하는 자는 그것을 모른다. 성인은 말없는 가르침을 행한다."

말 잘하는 사람은 진짜가 아니라고 하네요. 의외입니다. 대단한 달변가인 장자가 말 잘하는 사람은 제대로 된 도(道)를 모른다고 취급합니다. 도가철학의 창시자인 '노자'는 『도덕경』첫머리에서 '도라고 말하면 이미 그건 도가 아니다'고 주장합니다. 말이 지닌 한계를 비판한 문장입니다.

진짜 진리는 말로 설명하기 참 애매합니다. 실제로 『도덕경』이나 『장자』를 보면 말이 참 어렵습니다. 무슨 말인지 이해가 잘 안갑니다. 그래서 말로만 읽으면 도(道)가 무엇인지 이해하기 어렵습니다.

말이 지닌 한계는 그게 실제 삶이 아니기 때문입니다. 사람들은 대부분 말을 할 때 멋지게 꾸미려고 합니다. 진짜 삶보다 훨씬 멋들어지게 표현하죠. 말과 삶이 어긋납니다.

하늘과 땅은 위대한 아름다움을 지녔으면서도 말하지 않는다.
사계절은 밝은 이치를 지녔으면서도 이야기 하지 않는다.
세상은 생성의 원리를 지녔으면서도 설명하지 않는다.

진짜 깨달은 사람, 진짜 제대로 사는 사람은 말로 자신을 포장하지 않습니다. 삶에서 저절로 묻어납니다. 앞서도 얘기했지만 진짜 스승은 말로 가르치지 않고 삶으로 보여줍니다. 삶으로 보여주는 가르침이 진짜기 때문입니다.

너무 말 잘하려고 하지 마세요. 진실한 삶을 살아가려는 데 더 노력하십시오. 말은 겉만 번지르르하게 꾸밀 뿐 내면을 살찌우지 못합니다. 내면의 힘이 묻어나면 말 잘하는 사람이 전혀 부럽지 않을 것입니다.

노자는 큰 깨달음을 얻었지만 겉으로 보기에는 어리석고, 멍청해 보였다고 합니다.

Memo

3부

하지
않음으로
이룬다

: 장자 잡편(雜篇)

장자철학상식 ③

장자가 살았던 시대는 춘추전국시대다. 당시는 수많은 나라로 갈라져 서로 다투고 경쟁하였다. 따라서 나라 이름도 많고, 등장하는 임금도 많다. 중국에 관한 역사 지식을 많이 알면 장자에 등장하는 이야기를 이해하기 쉽겠으나, 중국 역사를 모른다고 해서 이 책을 이해하는 데 어려움을 겪지는 않는다.

장자는 기원전 300여 년경에 태어난 사람이다. 정확하게 언제 태어나서 언제 죽었는지는 기록에 없다. 같은 시기에 활동했던 사상가가 맹자다. 『장자』 책에 자주 등장하는 혜자도 같은 시대 사람이다.

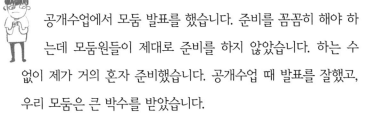

노력은 제가 했는데 칭찬은 친구가 받았어요
내가 이룬 것이 아니라 자연이 이루었다 : 경상초庚桑楚

공개수업에서 모둠 발표를 했습니다. 준비를 꼼꼼히 해야 하는데 모둠원들이 제대로 준비를 하지 않았습니다. 하는 수 없이 제가 거의 혼자 준비했습니다. 공개수업 때 발표를 잘했고, 우리 모둠은 큰 박수를 받았습니다.

그런데 수업이 끝난 뒤 엉뚱한 친구가 선생님 칭찬을 받았습니다. 다른 애들도 제가 거의 다 한 걸 알면서도 모른 체 했습니다. 서운했습니다. 선생님도 원망스러웠습니다. 누가 고생하고, 누가 큰 기여를 했는지 따져보지도 않고 무조건 칭찬하는 선생님이 싫었습니다. 앞으로 모둠 과제가 주어지면 다시는 예전처럼 열심히 노력하지 않을 겁니다.

저는 선생님보다 친구들이 더 얄밉네요. 분명히 누가 고생했는지 알면서도 칭찬을 듣고 기뻐하기만 하다니 참 비겁합니다. 선생님 칭찬을 들을 때 "애가 가장 고생했어요." 하고 한 마디만 하면 될 텐데, 선생님의 칭찬을 독차지 하려고 진실을 밝히지 않다니 비겁합니다.

그런 비겁한 짓을 학생들만 하는 건 아니죠. 어른들 사이에는 더 심합니다. 남들이 차려 놓은 밥상에 숟가락 하나만 올려놓고는 자신이 다했다는 식으로 잘난 척하는 어른들 참 많습니다.

물론 누가 잘했고, 누가 못했는지 제대로 판단하지 못한 선생님도 문제입니다. 잘못된 칭찬은 고래를 춤추게 하는 게 아니라 못된 습관만 들게 만듭니다. 어떤 방식으로든 칭찬만 들으면 된다는 못된 심성을 심어줍니다. 어쩌면 잘못된 칭찬은 잘못된 처벌보다 더 나쁜 결과를 불러올지도 모릅니다.

앞뒤 상황을 보면 서운하고 원망하는 마음은 당연해 보입니다. 그러나 장자의 관점으로 보면 서운함과 원망도 그릇된 태도입니다.

노자에게 배움을 얻은 경상초는 외루산에 살았다. 경상초 주변에는 똑똑한 하인이 없고 멍청하고 못난 자들뿐이었다. 경상초가 외루산에 자리 잡은 지 3년이 지날 때 큰 풍년이 들었다. 외루산 근처 사람들은 풍년이 들고 살기 좋아지자 모두들 경상초를 대단한 인물로 존경했다.

"경상초가 처음 왔을 때는 참 이상한 사람이었어."

"하루하루 한 일을 따지고 보면 별 일 없는데, 지나고 보니 대단한 일이었어."

"우리들이 이렇게 잘 살게 된 건 전부 경상초 때문이야."

사람들은 모두들 경상초가 대단한 사람이라면서 치켜세우고 존경했다. 이런 사실을 안 경상초는 기분이 좋지 않았다. 스승이 존경받아서 기분이 좋았던 제자들은 경상초가 떨떠름한 표정을 짓자 이유를 물었다.

"다른 이들의 존경을 받으시는데 왜 기뻐하지 않으십니까?"

"스승님 때문에 잘살게 되었다고 기뻐하는데, 왜 함께 기뻐하시지 않으시는지 모르겠습니다."

경상초가 제자들에게 설명했다.

"내가 보기엔 너희들이 이상하구나. 내가 도대체 무얼 했다는 말이냐. 봄이면 싹이 트고 가을이면 열매를 맺는다. 내가 한 일이 아니라 자연이 이룬 일이다. 자연스럽게 이루어진 일을 두고 누구 때문이라고 공을 내세우다니 말이 안 된다. 나는 내가 이루지도 않은 공을 이루었다면서 칭송을 받으니 언짢을 수밖에 없다. 나는 이제 나를 내세우는 사람이 되었고, 이는 스승인 노자의 가르침에 어긋난다."

외루산 주변 지역 사람들은 경상초가 오기 전에 잘 살지 못했습니다. 경상초가 온 뒤로 이런저런 일을 벌여서 풍년이 들고, 잘 살게 되었습니다. 외루산 주변 사람들은 당연히 경상초가 큰일을 해냈다며 고마워하고 존경하겠죠. 우리들 상식으로 보면 당연합니다. 그런데 경상초는 자신은 공이 하나도 없다고 말합니다.

'봄에 싹이 트고 가을에 열매를 맺는다. 내가 한 일이 아니라 자연

이 한 일이다'

놀라운 말입니다. 보통 사람들은 하지 않아도 자신이 했다고 자기 공로를 내세우는 판에 경상초는 명백히 있어 보이는 공도 자기 공이 아니라고 말합니다. 그저 자연의 순리에 따라 농사를 지었을 뿐이니 특별한 공이 없다는 것입니다.

다른 친구가 공로를 가로채고 선생님이 엉뚱한 애를 칭찬했다고 원망했습니다. 자기 공로라고 여겼기 때문입니다. 그런데 생각해 보세요. 진짜 자기 공로였나요? 모두 자신이 한 일인가요? 친구들은 아무 일 안 했다고 칩시다. 그렇다고 모든 것이 자신의 공로인지 한 번 따져 보시기 바랍니다.

종이와 연필, 책상과 전기, 컴퓨터와 인터넷 등을 활용해 발표 준비를 했겠죠. 그건 누군가가 만들어줬기 때문에 내가 사용합니다. 내가 익힌 지식, 내가 사용하는 수많은 글자도 누군가가 이미 만들었습니다. 살고 있는 집, 나를 먹여 살리기 위해 사용된 수많은 음식들, 갖가지 도구와 내 삶을 지탱해 주는 물건과 자원을 떠올려 보세요. 그런 게 없었다면 모둠 발표회 준비는 불가능했습니다. 이런 걸 다 따지고도 자신의 공이 가장 큰가요? 가장 칭찬을 받아야 마땅한가요?

진짜 문제는 칭찬받고자 하는 마음입니다. 모둠발표가 즐거웠으면 충분하지 않나요? 꼭 선생님 칭찬을 많이 받아야만 행복한가요? 자신이 그 일을 하는 과정에서 충분히 보람을 느꼈고, 즐겼고, 성과를 거두었다면 그게 가장 큰 행복이죠. 다른 사람의 평가가 아니라 내가 나를 어떻게 평가하느냐가 훨씬 중요합니다.

활을 잘 쏘았던 '예'는 작은 목표도 잘 맞추었지만, 사람들이 칭찬하지 않는 일은 잘 하지 못했다.

　　예는 중국 고대 신화에 나오는 인물인데 활을 아주 잘 쏘았습니다. 하늘에 열 개의 해가 떴는데 그 중에 아홉 개를 활을 쏘아 떨어뜨렸다는 전설이 내려올 정도입니다. 활을 잘 쏘긴 했지만 예는 자신의 실력을 지나치게 믿은 나머지 조금 자랑이 심했나 봅니다. 결국 예는 미움을 받아 살해당합니다.

　　예가 칭찬받기를 거부하고, 사람들이 칭찬하지 못하게 했다면 아마 질투도 받지 않았겠죠. 웬만큼 활 잘 쏘는 사람들도 예에 견주면 형편없는 수준이니 얼마나 질투가 심했겠습니까? 거기다 예가 잘난 척하고 다녔으니 주변 사람들이 예를 어떻게 봤을지는 충분히 짐작이 갑니다.

　　칭찬, 인정을 너무 원하지 마십시오. 칭찬과 인정을 독차지하면 주위의 시선이 질투로 바뀝니다. 다른 사람들의 질투를 받으면 일이 잘 풀리지 않습니다. 무조건 겸손하게 뒤로 빼라는 말이 아닙니다. 칭찬을 받던, 받지 않던 상관하지 말라는 뜻입니다.

　　공경해도 기뻐하지 않고, 비난해도 슬퍼하지 않는다. 그저 자기 삶을 자연의 이치에 맞게 꾸려 갈 뿐이다.

　　맞습니다. 누가 공경해도 기뻐할 이유가 없고, 비난한다고 슬퍼할 이유가 없습니다. 어차피 그것은 모두 다른 사람들의 평가일 뿐입니다. 우리는 자기 삶을 충실하게 살면 그뿐입니다. 여러 번 강조하지만 내 삶을 최종 평가하는 사람은 자기 자신입니다. 자연의 순리에 맞춰 스스로 만족하는 삶보다 행복한 삶은 없습니다. 앞서도 얘기했지만 수많은 사람의 존경을 받았던 칭기즈칸보다 시골에서 한가하게 거닐 던 장자의 삶이 훨씬 행복했을 테니까요.

오나라 임금이 강물에 배를 띄워놓고 원숭이들이 많이 사는 산에 올라가 사냥을 즐겼다. 원숭이들은 인간을 보자 모두 도망쳤는데 오직 한 원숭이만 도망치지 않았다. 그 원숭이는 뱀을 잡아 집어 던지는 등 유유히 걸어 다녔다. 임금이 활을 쏘았지만 원숭이는 아무렇지도 않게 화살을 잡았다. 임금은 화가 나서 모든 부하들에게 일제히 활을 쏘도록 명령했다. 아무리 재주가 뛰어난 원숭이였지만 그 많은 화살을 모두 잡거나 피할 수는 없었다. 결국 원숭이는 화살에 맞아 죽었다.

원숭이가 잘난 재주를 뽐내다가 죽었네요. 인정받고, 칭찬받는 게 꼭 좋은 일만은 아니랍니다.

맞수를 이기고 싶어요

맞수가 없다면 내 능력도 없다 : 서무귀徐无鬼

저희 반에는 저랑 사사건건 대립하는 맞수가 있습니다. 공부면 공부, 토론이면 토론, 발표면 발표, 운동이면 운동, 심지어 학원에서도 라이벌입니다. 어떤 때는 제가 이기지만 대부분은 제가 집니다. 제가 그 녀석보다 못났음을 확인하거나, 대결에서 질 때마다 자존심이 상해 견딜 수가 없습니다.

좋은 친구를 뒀네요. 친구가 아니라 원수라고 할지도 모르겠지만 제가 보기에는 참 좋은 친구입니다. 맞수가 없는 삶보다 맞수가 있는 삶이 재미있죠. 발전도 빨리 되고요. 불청객처럼 여기지 말고 반가운 손님으로 여기기 바랍니다.

장자가 어떤 사람의 장례식을 치르고 돌아오는 길에 혜자의 묘 앞을 지났다. 장자는 혜자의 묘를 한참 보더니 주위 사람에게 말했다.

"옛날 초나라 수도에 사는 어떤 사람이 흰 흙을 코끝에 바르더니 장석을 불렀다. 장석은 도끼를 들었는데 도끼를 휘둘러 코에 묻은 흰 흙을 깎아내렸다. 도끼가 허공을 가르며 바람을 일으켰지만 코에 흙을 묻힌 이는 눈 하나 깜짝하지 않았고, 장석도 아무런 표정 변화 없이 흙을 도끼로 깎아내렸다. 마침내 장석이 도끼로 흙을 다 깎았지만 코끝은 상처 하나 없이 깨끗했다. 이 말을 들은 송나라 임금이 장석을 불러서 한 번 보여 달라고 했지만, 장석은 불가능하다고 했다. 임금이 이유를 묻자 장석은 '제 도끼가 코앞에 스쳐도 꿈쩍 않던 그 사람이 사라졌기에 그와 같은 일을 다시는 하지 못합니다' 하고 말했다."

장자는 땅이 꺼져라 한숨을 쉬었다.

"혜자가 죽고 나니 이제 나와 더불어 논쟁을 벌일 사람이 사라졌구나."

혜자는 장자와 친한 사이였는데 생각이 아주 달랐다고 합니다. 장자와 혜자는 숱한 논쟁을 벌이며 대립했습니다. 『장자』 책에도 혜자가 많이 등장합니다. 장자는 혜자를 아주 심하게 비판합니다. 그러나 자신과 맞수였던 혜자가 죽자 몹시 가슴 아파합니다. 자신과 더불어 논쟁할 맞수가 사라졌기 때문이죠. 맞수란 있으면 원수처럼 느껴집니다. 그러나 맞수란 사라지고 나면 허전합니다. 맞수를 즐기십시오. 맞수는 자신을 발전시키는 축복이며, 선물입니다.

심각한 갈등을 전하는 뉴스를 보면 짜증나요

갈등은 달팽이 뿔 위에서 벌이는 싸움 : 즉양則陽

뉴스를 볼 때마다 한숨이 나옵니다. 국회에서는 여당과 야당이 싸우고, 사회 곳곳에서는 집단과 집단이 자기 이익을 위해 대결하고, 이익을 둘러싸고 하루도 빠짐없이 다툼이 벌어집니다. 개인 사이에 벌어진 갈등으로 잔인한 사건들도 자주 벌어지고요. 남과 북도 여전히 갈등하고, 전쟁도 끊임없이 벌어지고, 폭탄 테러 소식에 끔찍한 범죄 소식까지……. 세상이 왜 이러는 걸까요? 인간이란 서로 다투고 갈등하는 운명에서 벗어나지 못하는 존재인가요?

장자는 우주에 존재하는 모든 사물과 생명은 결국 하나라고 말합니다. 만물이 하나라는 관점에서 보면 갈등이 벌어질 이유가 없지요.

서로 구별하고, 나와 네가 다르다고 여기는 순간 갈등은 필연입니다. 문제는 갈등의 수준이겠죠. 서로를 인정하고 존중하는 갈등이라면 함께 공존하지만, 서로를 부정하는 갈등이라면 전쟁과 같은 일이 벌어지지요. 개인 사이에도 서로 공존이 불가능하다고 판단할 때 잔인한 범죄가 벌어집니다.

인류가 역사를 통해 발견한 가장 좋은 갈등 해결 방법은 민주주의입니다. 민주주의는 생각의 다름을 인정합니다. 생각은 다를 수밖에 없다는 점을 인정하는 바탕 위에서 시작합니다. 다르기 때문에 갈등할 수밖에 없음도 인정합니다. 민주주의는 갈등을 해결하는 방식에서 평화로운 토론을 선택합니다. 총과 칼이 아니라 말로 서로를 설득하고 대화로 의견을 모아 나가는 과정을 밟자는 약속이 민주주의입니다.

갈등을 없애려면 장자의 가르침을 모두가 깨달아야겠죠. 이렇게 말해놓고 보니 현실에서는 가능해 보이지 않습니다. 그나마 실현 가능하면서 효과 높은 방법은 사회 구성원들이 민주주의를 최대한 잘 습득하는 것입니다. 그럼에도 우리는 장자철학의 가르침은 잊지 말아야 합니다. 대붕의 눈, 즉 큰 시선으로 보면 갈등이란 참 부질없는 짓이기 때문이죠. 우린 작은 차이를 너무 크게 보는지도 모릅니다. 아래 소개하는 우화도 같은 내용을 담았습니다.

위나라 임금과 제나라 임금이 약속을 했는데 제나라 임금이 약속을 깼다. 위나라 임금은 화가 나서 자객을 이용해 제나라 임금을 죽이려했다. 공손연은 임금이 자객을 보내려 한다는 말을 듣고 임금을 말렸다.

"임금님께서 자객을 보내 상대를 죽이려 하다니 아니 될 말입니다. 그러면 세상 사람들이 비웃습니다. 제게 군대를 주십시오. 제나라를 공격하여 임금님의 분노를 풀어드리겠습니다."

계자는 공손연의 제안을 반대했다.

"지금 우리나라는 열심히 나라를 다스려 백성들의 삶이 평안합니다. 지금 전쟁을 벌이면 그동안 쌓아왔던 성과가 모두 물거품이 됩니다. 전쟁을 벌이는 일은 그만 두심이 옳으신 줄 압니다."

화자가 공손연과 계자의 논쟁을 듣고 임금님께 말했다.

"제나라와 전쟁을 벌이자는 공손연은 나라를 혼란에 빠뜨리는 자입니다. 제나라와 전쟁을 벌이지 말자고 주장하는 계자는 임금님의 분노를 풀어주지 못한 채 전쟁만 막으려 하니 임금님을 혼란에 빠뜨리는 자입니다. 계자와 공손연을 비판만 하고 아무런 대안도 제시하지 않는 저 자신도 임금님을 혼란에 빠뜨리는 자입니다."

위나라 임금은 어찌 할 바를 몰라 화자에게 물었다.

"어찌하면 좋겠는가?"

"저는 어찌해야 좋을지 모릅니다. 제가 한 분을 소개해 드릴 테니 그분 말씀을 들어 보십시오."

화자가 소개한 사람이 와서 임금님께 말했다.

"달팽이를 아십니까?"

임금이 대답했다.

"알지요."

"달팽이 오른쪽 뿔에는 촉씨 나라가 있고, 왼쪽 뿔에는 만씨 나라가 있습니다. 두 나라는 서로 상대방의 뿔을 빼앗으려고 전쟁을 벌였습니다. 수많은 이들이 전쟁에서 죽고 시체가 산과 바다를 이루었습니다."

임금은 황당했다.

"아니 도대체 무슨 그런 말도 안 되는 얘기를 하십니까?"

"임금님은 달팽이 오른쪽 뿔에 있는 촉씨 나라와 왼쪽 뿔에 있는 만씨 나라가 전쟁을 벌이는 걸 어떻게 보십니까?"

"황당하죠. 그렇게 조그만 세상에서 뭐 서로 차지할 게 있다고 아웅다웅 싸운단 말입니까?"

"맞습니다. 쓸데없는 짓이죠. 그런데 생각해 보십시오. 세상은 거대합니다. 거대한 눈으로 보면 달팽이 뿔에 있는 촉씨와 만씨 나라가 지금 위나라와 제나라와 다르다고 보십니까?"

그 순간 임금은 깨달았다.

"아니겠지요. 같겠지요. 허허, 그러고 보니 제가 달팽이 뿔을 두고 싸우는 촉씨와 만씨 나라 임금이군요."

달팽이 뿔 이야기가 황당하다고 할지 모르지만 지구 위에서 벌이는 인간의 다툼을 이보다 더 잘 표현한 우화는 없습니다. 앞에서 소개한 『코스모스』의 저자 칼 세이건이 한 말을 떠올려보세요. 태양계에서 보는 작은 점, 지구의 사진을 보면서 우리가 사는 이곳은 암흑 속의 얼룩이라 했지요. 이 작은 점이야 말로 우리의 고향을 소중하게 다루고 서로를 따뜻하게 대해야 할 이유를 정확히 보여준다 했습니다.

인간은 거대한 우주의 작은 점에서 그 한 점의 다른 곳을 차지하기 위해, 그 점에 사는 다른 누구와 싸움을 해 왔습니다. 장자가 비유한 '달팽이 뿔 위에서 싸우는 전쟁'이 단순한 비유가 아님을 아시겠죠?

작은 눈으로 보면 갈등은 마치 해결할 수 없는 거대한 절벽처럼 보입니다. 큰 눈으로 보면 갈등은 티끌처럼 보입니다. 큰 눈이 아니더라도 시간이 지나고 나면 심각하게 여겼던 일들이 아무렇지 않게 되는 경험을 한 번쯤 해보았겠죠? 갈등을 하는 순간, 내가 이 일로 몇 년이 지난 뒤에도 화가 날지 생각해보세요. 솔직히 부질없지 않나요? 이는 단지 시간이 지났기 때문만은 아닙니다. 보는 시선이 달라졌기 때문입니다. 다른 시선으로 보니 해결하지 못할 갈등이 아니고, 풀지 못할 화가 아니게 됩니다. 어떤 시선으로 보느냐, 어떤 마음으로 보느냐가 갈등과 화를 결정합니다. 해결책도 거기에 있습니다.

공부보다 책읽기가 좋은데 구박이 심해요

쓸모 있음은 쓸모없음을 바탕으로 한다 : 외물外物

저는 책읽기를 좋아합니다. 요즘은 학교 공부에 학원 숙제에 치이다 보니 책 읽을 시간이 없어요. 짬이 나는 시간에 책을 붙잡으면 부모님이 은근히 저를 구박해요. 어릴 때는 책을 읽으면 그렇게 좋아라고 하시더니 요즘은 책을 읽을 때마다 눈치를 주십니다. 책 읽을 시간이 있으면 공부를 하라네요. 내 참, 책읽기가 진짜 공부 아닌가요?

동의합니다. 책읽기야말로 진짜 공부죠. 책읽기가 빠진 공부는 모래밭에 지은 성과 다름없습니다. 책읽기가 얼마나 중요한지는 새삼 말하지 않겠습니다. 장자 이야기 한 편으로 답을 대신하지요.

어느 날 송원공이 꿈을 꾸었는데, 한 남자가 자기를 구해달라고 했다.

"저는 양자강의 신이 보낸 신하로, 황하강의 신에게 가다가 여저라는 어부에게 붙잡혔습니다. 절 구해주십시오."

다음날 송원공이 꿈을 해몽하도록 했더니 꿈속에 나타난 사람은 신기한 능력을 지닌 거북이란 해석이 나왔다. 원공은 꿈속에서 남자가 말한 여저란 어부를 불러 들였다.

송원공이 여저에게 물었다.

"요근래 거북 한 마리를 잡지 않았느냐?"

"예, 흰 거북 한 마리를 잡았습니다. 아주 큰 거북입니다."

여저는 송원공에게 흰 거북을 바쳤다. 송원공은 거북을 어떻게 할까 고민하다가 점치는 사람에게 점을 치도록 했다. 점괘는 거북을 죽이라고 나왔다.

"거북을 죽여 점을 치면 아주 좋을 듯합니다."

송원공은 거북을 죽여 등껍질을 벗겼다. 거북의 등껍질을 벗겨 점을 치니 단 한 번도 점이 틀리지 않았다.

이 이야기를 접한 공자는 다음과 같이 말했다.

"그 거북은 송원공의 꿈에 나타날 재주는 지녔으나 어부를 피할 능력은 없었다. 수십 번 점을 쳐서 모두 맞추는 능력은 지녔으나 자기 목숨을 부지할 능력은 없었다. 거북은 신통한 능력과 뛰어난 지혜를 지닌 듯하지만, 거북이 지닌 능력은 초라하며 지혜는 아주 작다."

흰 거북은 사람의 꿈에 나타날 정도로 대단한 능력을 지녔으나, 여저의 손길을 피하는 사소한 재주는 없었습니다. 자기 등껍질로 점을 치면 틀리지 않을 정도로 신통한 능력을 지녔지만, 자기가 죽을 운명은 알지도 못했고 바꾸지도 못했습니다. 세상 사람들이 우러러 보는 대단한 능력이란 게 사실은 별 볼 일 없는 능력임을 보여주는 우화입니다.

학교에서 공부를 잘 하는 학생은 마치 대단한 능력과 지식을 지닌 듯 보입니다. 사회에서도 그렇게 대우해줍니다. 실제로도 그럴까요? 학교 공부를 잘 하는 학생이 실제 사회생활 능력도 뛰어날까요? 현실은 꼭 그렇지만은 않다는 걸 보여줍니다.

"도대체 시키는 일 외에는 할 줄을 몰라요."

요즘 신입사원들이 들어오면 회사 상사들이 이런 식으로 자주 투덜거린답니다. 객관식 골라잡기와 주어진 문제를 풀고 암기하는 능력만 기르다 보니 자기 스스로 무언가를 할 능력이 없기 때문입니다. 혼자 생각하고, 사색하고, 토론하고, 일을 추진해 본 경험을 하지 못했기에 사회에서 필요한 능력이 부족하다고 합니다. 사회생활에 필요한 능력은 생존능력, 창의력, 판단력, 협동심 등입니다. 이런 능력을 기르지 않고 그저 학교 시험공부만 열심히 해서 좋은 대학과 좋은 직장, 돈 많이 버는 직업을 얻었을 뿐 실제 생활력은 형편없는 사람들이 많습니다.

시험 잘 보는 능력, 이거야말로 공자가 말한 작은 지혜요, 초라한 능력입니다. 겉으로 보기에는 신통해 보이지만 자기 목숨 하나 유지하지 못하고, 자기 앞에 놓인 과제 하나 해결하지 못하는, 아무짝에도 쓸모없는 능력일 뿐입니다.

큰 지혜, 큰 능력을 길러야 합니다. 책은 큰 지혜와 능력을 기르는 좋은 방법이죠. 경험도 풍부하게 쌓아야 합니다. 놀이도 열심히 하고, 스스로 생각하고, 토론하고, 글쓰기도 열심히 해야 합니다. 배움은 교과서와 학교에만 있지 않습니다. 학교 공부가 불필요하다는 얘기가 아니라, 배움이 학교에만 머물면 안 된다는 얘기입니다.

 저도 몇 번이나 독서가 얼마나 중요한지 말했고, 부모님도 동의하셨습니다. 그러나 부모님은 독서는 지금 당장 쓸모가 없다면서 일단 쓸모 있는 공부부터 하라고 하십니다.

학교 공부라 해서 모두 쓸모 있는 공부일까요? 물론 시험 보는 데는 쓸모가 많죠. 하지만 딱 거기까집니다. 수학을 잘 푸는 학생이 논리력을 갖춘 사고는 하지 않고, 과학 문제는 풀지만 일상을 과학의 눈으로 관찰하지 않으며, 도덕을 배우지만 일상생활은 도덕과 아무 관련이 없습니다. 이런 공부가 과연 당장 쓸모가 있는 공부인지 의심스럽네요.

어쨌든 시험을 봐야 하니 쓸모란 면은 인정하죠. 그리고 지금 당장의 쓸모가 중요하다는 의견이 옳은지 판단해 봐야 합니다.

혜자가 장자에게 말했다.

"자네가 하는 말은 참 멋있고 거창해. 하지만 현실에선 쓸모가 없지."

장자가 반박했다.

"땅은 넓네. 아주 넓지. 하지만 지금 당장 쓸모 있는 땅은 내가 발 딛고 선 이 땅일 뿐이네. 그렇다고 해서 발바닥 근처의 땅만 남겨두고 나머지를 다 없애 버린다면 어찌 될까? 그 상황에서도 발바닥 밑에 있는 땅이 쓸모가 있을까?"

혜자가 답했다.

"쓸모가 없겠지."

"당연히 쓸모가 없지. 자네는 지금 당장 쓸모를 이야기하지만, 쓸모없는 게 없다면 쓸모 있는 것도 결국엔 쓸모가 없게 되네."

쓸모 있음은 쓸모없음을 바탕으로 합니다. 지금 당장 발 딛고 선 땅만 쓸모 있어 보이지만 지금 당장 쓸모가 없는 수많은 땅이 있기에 지금 내가 딛고 있는 땅이 쓸모가 있습니다. 배움도 마찬가집니다. 학교 공부는 지금 당장 시험 보는 데 쓸모가 있지만, 체험과 책, 글쓰기와 토론과 같이 지금 당장은 쓸모없어 보이는 수많은 것들이 뒷받침될 때만 학교 공부의 쓸모가 유지됩니다.

작은 능력과 지혜, 지금 당장의 쓸모에 너무 눈을 돌릴 경우 진짜 큰 능력, 꼭 필요한 쓸모를 잃게 됩니다. 학생은 책을 읽어야 합니다. 책을 읽지 않으면 학생이 아닙니다. 책을 읽지 못하는 환경, 책읽기를 말리는 사회에서 진정한 배움은 자라지 않습니다.

27

친구에게 충고를 해 주고 싶은데 쉽지 않아요

이야기와 옛말의 힘을 빌린다 : 우언寓言

친구가 계속 안 좋은 행동을 합니다. 애들이 싫어하는 행동인데 친구는 그것이 주위의 아이들을 기분 나쁘게 하는지도 모릅니다. 충고를 해주고 싶은데 친구 마음이 상할까봐 어떻게 해야 할지 모르겠습니다. 어떤 방법으로 충고를 해야 할까요?

충고를 할 때는 내 느낌이나 판단이 아니라 친구를 위한다는 진심이 중요합니다. 진정으로 상대를 위하겠다는 뜻을 세웠다면 방법은 그리 큰 문제가 아닙니다. 뜻이 가는 대로 행동은 따르게 마련입니다. 진심으로 위한다면 함부로 말하지 않고, 상대에게 가장 적합한 방식을 선택하게 되리라 믿습니다.

사랑이든 우정이든 항상 진심이 기본입니다. 방법은 나중입니다.

진심 어린 행동은 정성으로 나타납니다. 정성을 들이면 상대는 그 정성에 감동하기 마련입니다. 뜻을 세우고, 정성을 들이겠다는 결심을 한 다음 방법을 고민하세요.

우언은 열에 아홉, 중언은 열에 일곱, 치언은 모든 글에 자유롭게 사용한다. 우언은 다른 사물을 활용해 도(道)를 전한다. 세상 사람들은 나와 다른 의견을 잘 받아들이지 않는 편이다. 그래서 생각이 다를 때는 직접 말하기보다 다른 사물이나 이야기를 빗대서 표현하는 게 더 낫다. 그것이 우언이다. 중언은 옛사람 말을 활용하는 방법이다. 옛사람이 한 말은 권위가 있다. 권위 있는 말을 쓰면 사람들이 쉽게 받아들인다. 물론 옛사람 말이라고 무조건 옳은 건 아니다. 옳지 않은 말은 사용하지 않는다. 치언은 도(道)를 따르는 말이다. 옳고 그름을 말하지 않으며, 만물제동의 관점에서 말한다.

'우언'은 우화를 들어 이야기를 하는 방식입니다. 말하려고 하는 상황과 비슷한 이야기를 해줌으로써 듣는 사람의 반감을 없애는 방식이죠. 거짓말을 많이 하는 사람에게 '양치기 소년' 이야기를 들려주고, 실패를 두려워하는 사람에게 '에디슨도 2,000번 실패해서 전기를 발명했'는 얘기를 들려주는 식입니다.

'중언'은 옛날 사람 말, 즉 권위 있는 사람의 말을 들려주는 방식입니다. 이 책도 중언의 방식을 따르는 중입니다. 장자라는 유명한 사람 말을 이용해서 제가 하고 싶은 말을 하고 있습니다. 유명한 사람 말을 활용하면 듣는 사람이 잘 설득됩니다.

'치언'은 솔직히 우리 수준에서 하기 어렵습니다. 세상의 옳고 그름을 떠나서, 우주의 진리와 만물제동의 원리를 활용하여 말하기는 쉽지 않습니다. 깊이 깨닫고 삶으로 진리를 살아낸 뒤에나 가능한 방식입니다.

아무튼 친구에게 충고를 해주고 싶다면 이야기를 활용하고, 권위 있는 말을 활용하면 좋습니다. 그래서 책을 많이 읽고, 세상 돌아가는 이야기도 많이 알아야 합니다. 대놓고 말하기보다 책에서 읽은 이야기, 세상에서 벌어진 사건, 유명한 사람이 한 말을 인용하면 친구에게 충고하기 훨씬 좋고, 친구도 훨씬 잘 받아들일 것입니다.

28

저는 다른 사람의 말에 너무 쉽게 흔들려요

내 뜻이 아니면 움직이지 않는다 : 양왕讓王

저는 남의 말에 너무 쉽게 흔들립니다. 공부하겠다고 결심했다가도 친구가 놀자고 하면 정신 못 차리고 놉니다. 그러면 안 되는 걸 알면서도 친구 말을 들었다가 교칙을 위반해서 반성문도 많이 썼습니다. 싫어하던 가수도 친구가 좋다고 하면 어느새 저도 그 가수를 좋아하고 있습니다. 엄마는 제가 너무 귀가 얇아서 큰일이라고 걱정하십니다. 나중에 사기 당하기 딱 좋다네요. 저도 이런 제가 걱정입니다.

귀가 얇다고 걱정이 많군요. 그런데 저는 귀가 얇은 게 좋은 면도 있다고 봐요. 귀가 얇다는 것은 남의 말에 귀를 잘 기울인다는 뜻이기도 하니까요. 요즘 사람들은 남의 말을 잘 안 듣습니다. 남의 말에 귀를 잘 기울이는 태도는 참 좋습니다. 다만 중심을 잡지 못하는 게 문제일 뿐이죠.

남의 말에 쉽게 흔들리는 이유는 무엇일까요? 첫째, 귀가 얇은 사람들은 대부분 자기 자신을 신뢰하지 못합니다. 자신을 믿지 못하니 남을 믿지요. 영화관처럼 밀폐된 공간에서 화재가 나면 대다수 사람들이 한 문으로 몰려가서 죽는다고 합니다. 자기 판단으로 비상구를 찾기보다 다른 사람이 가니까 따라가다가 한 문으로 몰리는 거죠. 귀가 얇은 게 걱정이면 자기 신뢰를 높이기 위한 노력이 필요합니다.

둘째, 귀가 얇은 사람은 지나치게 남의 시선을 많이 신경 씁니다. 주위의 시선이나 평가에 지나치게 얽매이는 거죠. 혹시나 거절하면 다른 사람이 어떻게 여길지 불안하기 때문에 자꾸 남의 말에 휘둘립니다. 남에게 쏟는 신경의 절반이라도 자기에게 쏟으면 남의 말에 휘둘리는 정도도 줄어듭니다.

셋째, 너무 착합니다. 남의 말을 거절하면 남에게 상처를 준다고 여기죠. 착한 마음이 지나쳐 남은 돌보면서도 자신은 돌보지 못합니다. 착한 게 병이죠. 남에게만 착하지 말고 자신에게도 착해야 합니다. 자기를 돌보지 못하면 남도 돌보지 못합니다.

열자는 너무 가난해서 딱 봐도 굶고 사는 게 분명했다. 때마침 다른 나라에서 온 손님이 열자를 보고 재상(임금 아래 최고 벼슬아치)인 자양에게 말했다.

"열자를 보니 너무 가난하게 삽니다. 며칠 굶은 듯 얼굴이 말이 아닙니다. 열자는 덕이 많고 훌륭한 사람인데 그런 사람을 돌보지 않다니 안타깝군요. 만약 이게 소문이 나면 재상께서 덕이 훌륭한 사람을 돌보지 않는다고 비난받을까 걱정입니다."

자양은 뜨끔했다. 그래서 얼른 하인에게 명령을 내려 열자 집에 식량을 보내주었다. 식량을 싣고 온 자양의 하인을 보자 열자는 정중히 맞이했지만 그대로 돌려보냈다. 그러자 열자의 아내는 남편을 원망했다.

"덕이 많은 사람과 살면 평생 안락하게 살 줄 알았습니다. 그런데 당신과 함께 하면서 안락한 적이 한 번도 없습니다. 이토록 가난한 살림에 도움이 되라고 재상께서 식량을 보내왔는데 그걸 받지 않고 돌려보내다니 너무하십니다."

열자는 아내를 타이르며 말했다.

"만약 자양이 자기 뜻으로 나를 돕고자 식량을 보냈다면 받았을 것이오. 그러나 그는 남의 충고를 듣고 마지못해 나를 도와주고자 했소. 그것도 자기가 다른 사람에게 비난 받을 것이 두려워서 말이오. 다른 사람의 말을 듣고 쉽게 움직이는 사람이라면, 나중에 다른 사람의 말을 듣고 나를 벌주겠다고 나설지도 모를 일이오. 그러니 내가 어찌 그가 주는 식량을 그냥 받겠소"

열자는 자양의 사람됨이 부족하다고 평가했다. 그 말은 맞았다. 얼마 뒤 자양은 백성들의 미움을 받아서 죽임을 당했다.

보통 가난한 이를 보면 불쌍한 마음이 생기는데, 자양은 그러지 않았습니다. 단지 주위의 말을 듣고, 주위 시선이 신경 쓰여서 도왔을 뿐입니다. 열자는 자양이 사람을 아낄 줄 모른다고 보았습니다. 가난한 사람을 불쌍히 여기지 않는다고 보았습니다. 남의 말에 따라 이리저리 휘둘리는 사람으로 보았습니다. 실제로 자양은 그런 사람이었고, 그로 인해 죽고 말았습니다.

다른 사람 말에 자꾸 휘둘리는 사람이 되지 않으려면 자기 뜻이 분명해야 합니다. 자기 스스로 판단하는 힘을 길러야 합니다. 다른 사람 말이 백번 옳더라도 스스로 다시 한 번 판단해보고 움직여야 합니다. 스스로 판단하는 힘을 길러야 자기를 신뢰하는 힘도 생기고, 자신을 신뢰해야 꿋꿋이 자기 삶을 살아갑니다.

29

성공하고 싶은데 어떻게 하면 좋을까요

다른 눈으로 보면 위인이 악인이 된다 : 도척盜跖

저는 성공한 사람들이 부럽습니다. 저도 크게 성공하고 싶습니다. 그들이 이룩한 업적을 보면 정말 대단합니다. 많은 사람들이 존경하고 따르는 걸 보면서 나도 그런 사람이 되고 싶다는 소망이 간절해집니다. 연예인처럼 인기인이 되고 싶지는 않습니다. 진짜로 훌륭한 사람이 되고, 큰 업적을 이뤄서 세계까지는 아니더라도 우리나라에서라도 제 이름을 알리고 싶습니다.

훌륭한 사람을 본받아 그 사람처럼 살려고 노력하는 태도는 좋습니다. 본받고 싶은 인물을 우리는 스승이라고 합니다. 참 스승을 본받아 살다 보면 나도 스승처럼 훌륭한 인물이 될지도 모릅니다.

훌륭한 사람을 정신의 스승으로 모시고 그 사람처럼 되려고 하기 전에 그 사람이 진짜로 훌륭한 사람인지 자세히 알아봐야 합니다. 겉으로 드러난 업적이나 명성에 가려진 면이 분명히 있거든요. 겉모습만 보고 따라 배우면 겉모습만 비슷해질 뿐, 진짜 삶은 불행해질지도 모릅니다. 배우려면 제대로 알고 배워야 하며, 따르려면 제대로 알고 따라야 합니다.

장자 이야기로 들어가 보죠.

도척은 유명한 도적입니다. 대단한 도적이어서 웬만한 나라는 도척에게 감히 맞서지 못할 정도였습니다. 공자가 도척을 가르치겠다고 나섭니다. 공자는 못된 도척이 백성들을 괴롭히는 걸 두고 볼 수 없었습니다. 앞서도 몇 번 얘기했지만 장자에 나오는 공자는 장자가 하고 싶은 말을 전하기 위해 등장시킨 인물일 뿐입니다. 아무튼 공자는 자신이 아는 올바른 삶의 길을 가르쳐 주어서 도척이 도적질을 그치게 만들려고 하죠.

공자가 도척을 만나 왜 바르게 살아야 하는지, 어떻게 바르게 살아야 하는지 가르칩니다. 공자의 가르침을 다 들은 도척은 노발대발하며 공자를 꾸짖고, 공자가 말한 논리를 반박합니다. 도척이 한 말이 너무 길어서 여기에 모두 소개하기는 어렵고 그 중 일부를 소개하면 다음과 같습니다.

너는 황제, 요임금, 순임금, 탕왕, 무왕을 존경하며 그 시대로 돌아가야 한다고 말한다. 그러나 이들은 모두 아주 나쁜 왕들이었다. 네가(공자) 존경한다는 황제(皇帝)는 탁록에서 엄청난 전투를 치러 수 없이 많은 사람을 죽였다. 가장 태평성대였다고 부러워하는 요임금, 순임금 시대는 사람을 차별하는 게 심해져서 계급이 생기고 신분제도를 만들었다. 인간은 모두 평등한데 그들로 인해 인간이 위와 아래로 나뉘어졌다. 탕왕은 임금을 내쫓았고, 무왕도 자신의 임금을 죽였다. 탕왕과 무왕이 임금을 친 뒤로 강한 사람은 약한 사람을 힘으로 죽이기를 쉽게 여긴다. 탕왕과 무왕 이후로 왕들은 백성을 우습게 여겨, 함부로 희생시켰다.

도척의 비판이 엄청나네요. 황제, 요임금, 순임금, 탕왕, 무왕 등은 공자가 따라 배워야 한다고 했던 위인들입니다. 현재의 그릇된 사회를 바로잡기 위해서는 그들을 따라 배워야만 한다고 강조했지요. 황제, 요임금 등이 역사에서 어떤 인물이었는지 자세히 알면 좋지만 굳이 알 필요는 없습니다. 중요한 건 공자가 이들을 몹시 존경했고, 세상 사람들도 다 훌륭한 인물이라고 여긴다는 사실입니다. 우리로 치면 세종대왕 정도 되겠네요.

그런데 도척은 바로 이들을 비판합니다. 이들이 했던 행동에서 잘못된 점을 날카롭게 비판하지요. 자기는 작은 도둑이며, 천하를 속이고 나쁜 짓을 한 황제와 요임금 등이 더 큰 도둑이라고 주장합니다. 나아가 큰 도둑을 이용해 세상을 속이는 공자를 자신보다 더 나쁜 도둑이라고 비난합니다. 우리나라에서 세종대왕을 비판한다고 상상해 보세요. 거의 그 수준이라고 보면 됩니다.

여기서 도척이 한 비판이 타당한지, 타당하지 않은지는 따지지 않겠습니다. 중요한 건 훌륭해 보이는 인물들에게도 잘못된 점이 많으며, 깊이 따지고 들었을 때 과연 진짜 훌륭했는지 보는 사람에 따라 다르다는 것입니다. 그 사람 자신이 어떻게 느꼈는지는 알 수도 없습니다.

유명하고 큰 업적을 쌓은 사람도 알고 보면 평범한 사람과 다를 바 없습니다. 겉으로만 대단한 사람처럼 보이는 경우가 많습니다. 훌륭한 사람을 무작정 부러워하지 말고 자기 눈으로 평가해 보기 바랍니다. 사람은 사람을 볼 줄 아는 밝은 눈이 필요합니다. 겉으로 드러난 명성이나 지위에 짓눌리지 말고 그 사람의 진면목을 볼 줄 알아야 합니다. 사람을 판단하는 능력을 기르는 과정은 세계관과 가치관을 세우는 과정이며, 나는 어떻게 살아야 할까 고민하는 과정이기도 합니다.

어떻게 살까 고민할 때는 반드시 내가 판단하는 '성공의 기준'을 세워야 합니다. 사회가 말하는 성공의 기준이 아니라 내 기준이 필요합니다. 나를 만족시키는 기준, 죽을 때 '이걸 이뤘으니 난 충분히 행복해' 하며 느낄만한 기준을 세우기 바랍니다.

사람을 볼 줄 알고, 어떻게 살아야 할지 방향을 잡고, 내 성공의 기준이 마련되었다면 진정으로 따라 배우고 싶은 스승이 저절로 나타납니다. 책 속에서 튀어나올지도 모르고, 역사 속에서 나타날지도 모르며, 방송이나 인터넷에서 소개될지도 모릅니다. 물론 현실에서 만날지도 모르죠. 그게 어디든 자신이 준비를 제대로 했다면 스승을 알아보고 스승처럼 훌륭하게 되는 길이 열리리라 믿습니다.

싸움에서 이기는 방법을 알고 싶어요

서민의 검을 버리고 제왕의 검을 든다 : 설검說劍

저는 정말 싸움을 못합니다. 얼마 전에 어떤 애랑 싸웠는데 한 대도 못 때리고 맞기만 했습니다. 어찌나 억울하던지……. 초등학교 때는 여자애들에게도 툭 하면 맞았습니다. 그래서 태권도 학원도 다녀봤지만 여전히 싸움은 못합니다. 평상시에는 잘 되던 발차기도 막상 싸움이 벌어지면 몸이 굳어버리고 마음이 쪼그라듭니다. 운동할 때도 비슷합니다. 평소에는 잘 되다가도 경기에 들어서기만 하면 주눅이 듭니다. 당당하게 싸우고 싶은데 어떻게 해야 할까요?

싸움은 기술이 아니라 마음입니다. 독한 마음을 먹으면 이기죠. 아주 뛰어난 싸움꾼이 아닌 한 대부분은 미쳐서 싸우는 놈이 이깁니다.『지독한 장난』이라는 책을 보면 늘 왕따를 당하던 한 아이가 '짱'에게 미친 듯이 달려드는 장면이 나옵니다. 당연히 짱이 왕따를 심하게 팹니다. 그런데 왕따를 당하는 아이가 죽음을 무릅쓰고 달려듭니다. 피투성이가 돼서도 쓰러지지 않고 대듭니다. 나중에는 짱이 공포에 떨며 도망을 칩니다. 싸움이란 그런 거죠.

잘 싸우고 싶나요? 그렇다면 독기를 품으세요. 미친 듯이 싸우세요. 기술에 의지하지 말고 죽어도 좋다는 절박함, 내가 널 반드시 짓밟고 말겠다는 투쟁심을 일으켜야 합니다. 치가 떨리는 분노도 좋습니다. 그런 게 있어야 싸움에서 이기죠. 싸움은 기술이 아닙니다.

여기까지는 하급 싸움의 기술이었습니다. 이제부터 고급 싸움의 기술을 알려드리겠습니다.

조문왕은 검술을 좋아했다. 수천 명의 무사들을 거느리면서 밤낮으로 검술 시합을 시켰다. 왕이 검술만 좋아하다 보니 나라가 엉망이었다. 왕자가 이를 바로잡기 위해 고민하다가 장자를 불렀다. 장자는 조문왕 앞에 나가 자신이 천하제일검이라고 자랑한다. 조문왕은 반가워하며 자기가 거느린 무사들 중에서 최고로 뛰어난 무사를 5~6명 뽑는다. 드디어 대결이 펼쳐지는 날!
"장자께서는 어떤 칼을 쓰십니까? 긴 칼인가요? 짧은 칼인가요?"
조문왕이 묻자 장자가 답했다.
"저는 세 개의 칼을 쓰는데, 임금님께서 마음이 드시는 칼을 쓰겠습니다."

"세 개의 칼이 무엇이오?"

"첫 번째는 천자의 칼, 두 번째는 제후의 칼, 세 번째는 서민의 칼입니다."

"설명해 주시겠소?"

"첫 번째 칼은 천자의 칼입니다. 천자의 칼은 세상을 다스리는 칼로 한 번 휘두르면 모든 제후들과 백성들이 굴복하고, 천하가 태평해집니다. 제후의 칼을 쓰면 지혜로운 선비가 따르고, 백성들이 평안하며, 민심이 부드러워집니다. 서민의 칼을 휘두르면 창자가 나오고, 한 목숨을 빼앗습니다. 잘못 쓰면 자신이 죽기도 합니다."

조문왕은 침묵에 빠져들었다.

"임금님께선 천자의 칼을 손에 쥐고 계시면서도 기껏 서민의 칼을 휘두르시니 안타까울 뿐입니다."

조문왕은 그 뒤로 자기 잘못을 깨달아 무사들을 모두 버렸다고 한다.

조문왕은 검술을 좋아했는데 장자는 조문왕이 좋아하는 검술은 서민의 칼이라면서 낮춰 봅니다. 진정한 검술은 백성을 편하게 하고, 천하를 다스리는 검이라고 봅니다. 정확하게 말하면 제후의 검이나 천자의 검은 진짜 검이 아닙니다. 올바른 정치를 '검'이라는 말로 표현했을 뿐입니다. 장자는 임금이 임금 노릇을 제대로 하지 못함을 부끄러워하라고 비판한 것이죠.

싸움을 잘하고 싶다했죠? 그러나 진짜 싸움은 주먹 싸움이 아닙니다. 훌륭한 인격을 지닌 사람이 가장 훌륭한 싸움꾼입니다. 예를 들어보죠. 제가 아는 어떤 학생은 키가 작은 것이 항상 콤플렉스였습니다. 어릴 때부터 열심히 먹고, 운동을 했죠. 힘도 제법 강해졌습니다. 그러나 아무래도 키가 작기 때문에 한계가 있죠. 여전히 싸움에는 자신이 없었습니다. 그러나 친구는 참 잘 사귀었습니다. 성격도 원만해서 다들 좋아했죠. 특히 고등학교에 올라가서는 솔선수범하는 자세 때문에 주위에 친구들이 바글거릴 정도였죠.

어느 날 주먹깨나 쓴다는 녀석과 다툼이 생겼습니다. 일대일로 싸우면 질 게 뻔했죠. 싸움이 일어날 기미가 보이자 주위에 있던 친구들이 몰려들었습니다. 몰려든 친구들은 한 결 같이 주먹깨나 쓴다는 녀석에게 한 마디씩 했습니다. 주먹깨나 쓴다는 녀석은 주위 분위기가 심상치 않게 돌아가는 걸 눈치 채고 싸움을 포기하고 뒤로 물러섰습니다. 장자가 비유한 검으로 따지면 '제후의 검'으로 주먹깨나 쓴다는 녀석을 물리쳤다고 보면 되겠네요.

낮은 수준의 싸움은 몸으로 합니다. 높은 수준의 싸움은 인격과 정치력으로 합니다. 진짜 싸움을 잘하고 싶다면 친구를 많이 만드세요. 훌륭한 인격을 기르세요. 사람을 아껴주고 신뢰하는 품성을 갖추십시오. 그러면 굳이 싸울 필요도 없고, 싸움이 일어나도 많은 사람들이 도와줍니다. 그런 수준이 되면 굳이 주먹을 써서 싸우고 싶은 마음도 들지 않겠지요.

제 자신을 제대로 알고 싶어요

도道에서 멀어지면 참모습을 잃는다 : 어부漁父

지금까지 계속 자기를 제대로 알라고 말씀하셨습니다. 저도 제 자신을 잘 알고 싶습니다. 이는 단지 적성이나 취미만을 말하지 않습니다. 제 자신이 어떤 사람인지, 무엇을 하며 살아야 하는지, 내가 제대로 된 나로 살기 위해서는 어떻게 해야 하는지 알고 싶습니다. 저는 정말 제 자신이 누구인지 모르겠습니다. 어떤 때는 이게 과연 나인가 싶기도 합니다. 내 자신이 누구인지 혼란스럽습니다.

지금까지 받은 질문 중 가중 중요한 질문을 던지는군요. 이 질문을 제 스스로에게도 던져 봅니다. 저도 대답하기 참 힘드네요. 그렇지만 저는 이 질문을 제 자신에게 던집니다. 특히 생일에는 심각하게 질문해봅니다. 내가 태어난 의미, 나는 어떤 삶을 살아야 하는지, 나는 누구인지 묻습니다. 명확히 대답하진 못하지만 질문하는 것만으로 삶을 더 충실하게 살아야겠다는 결심이 다져집니다.

내가 누구인지 궁금하다면, 나 자신을 더 잘 알고 싶다면 조금 쉽게 질문을 던지면 좋습니다.

"나는 무엇을 하는 사람인가?"

이렇게 물으면 조금 답변이 쉽습니다. 사람은 일을 하며 살고, 일이 곧 내 자신이기 때문입니다. 그 사람이 하는 일이 그 사람입니다. 물론 여기서 일이란 단순히 돈을 버는 직업을 말하지 않습니다. 어떤 가치를 추구하기 위해 주되게 하는 행위를 가리킵니다.

 공자가 제자들과 더불어 노래를 부르며 노는데 한 어부가 나타났다. 어부는 노래가 끝나자 공자의 제자들을 불러서 물었다.

"저 사람은 무엇을 하는 사람입니까?"

공자의 제자가 대답했다.

"노나라에 사는 훌륭한 군자입니다."

어부가 다시 물었다.

"이름이 어떻게 됩니까?"

"공자님이십니다."

"공자는 무슨 일을 하는 사람입니까?"

"공자님은 충성과 믿음이 깊습니다. 어짊과 의로움을 몸으로 실천하시며, 예의와 음악을 아름답게 닦으십니다. 인간의 도리를 알리시는데, 위로는 임금께 올바른 정치를 알리고 아래로는 백성들을 올바르게 가르쳐 천하를 태평하게 하는 것, 이것이 공자님이 하시는 일입니다."

다시 어부가 물었다.

"영토가 있는 임금입니까?"

아닙니다.

"제후나 임금을 옆에서 모시는 신하입니까?"

"아닙니다."

어부는 고개를 절래절래 흔들었다.

"공자는 어질기는 하나 마음을 괴롭히고 몸을 지치게 하니 자신의 참모습을 잃었습니다. 올바른 도(道)에서 한참 멀어졌군요. 안타깝습니다."

어부가 공자의 제자들에게 '공자는 무슨 일을 하는 사람입니까?' 하고 묻습니다. 대답을 읽어보세요. 감탄이 나오는 답변입니다. 아마 여러분이 질문을 받으면 '학생이요', '공부요', '글을 씁니다', '회사에 다녀요', '전업 주부입니다' 수준으로 답하겠죠. 사회가 부르는 직업의 이름만 겨우 읊을 뿐이죠. 자기가 하는 일을 자기만의 언어로 표현하기는 쉽지 않습니다. 공자의 제자는 공자를 제대로 표현했습니다. 솔직히 저 정도 수준까지만 올라가도 훌륭하다고 봅니다.

그런데 어부는 그런 공자가 '도(道)'에서 멀어졌다고 안타까워합니다. 임금도 아니고, 높은 벼슬아치도 아니니 마음이 괴롭고, 몸이 지치기 때문입니다. 몸과 마음을 해치면서 하는 올바른 일이란 제대로 된

도가 아니라는 말입니다. 장자가 늘 강조하지요. 무위로, 자연스럽게 하라고. 그럴 때만 진정한 도(道)라고. 여기서도 같은 말입니다.

자신이 무엇을 하는지 정리해 보십시오. 그것이 자기 자신입니다. 잠을 자고, 밥을 먹고, 숨을 쉬고, 책을 보고, 글을 쓰고, 시험 문제를 풀고, 강의를 듣고, 화장실에 가고, 친구를 사귀고, 인터넷을 하고, 스마트폰을 만지고, 사랑을 하고, 고민을 하고, 즐거움을 찾고⋯⋯. 그 수많은 일들이 모여 내 삶을 이룹니다. 내 삶이 곧 나입니다. 그 일 중에서 진정으로 나를 드러내고, 나로 사는 일은 무엇입니까? 진짜 나로 사는 일은 얼마나 많을까요? 이걸 떠올리면 내가 누구인지 드러납니다. 내 삶을 더 충실히 꾸리는 힘이 생깁니다. 장자가 말한 도(道)에 더 가까워집니다.

자신의 가치는 자신이 발견합니다. 내 삶의 의미도 내가 발견합니다. 세상에 널린 게 도(道)라지만 도(道)를 발견하는 일도 결국은 자신이 해야 합니다. 만물제동이라고 하지만 만물제동을 깨닫는 주체도 결국은 만물의 부분인 나입니다. 나로 살아야 합니다. 그 마음을 잃지 않는 게, 나로 사는 핵심 방법입니다.

오늘 던진 질문, 놓치지 마십시오. 자신을 제대로 알고 싶다고요? 그러면 '내가 누구인가?', '나는 무엇을 하며 사는가?'라는 질문을 절대 놓치지 말기 바랍니다. 질문은 대답의 문을 열어주는 열쇠입니다.

부모님의 기대가 너무 커서 부담스러워요

대접받고 싶은 마음이 기대의 원인이다 : 열어구列禦寇

부모님은 저에 대해 기대를 너무 많이 하십니다. 저는 부모님 기대에 어긋나지 않게 하려고 열심히 노력합니다. 제가 노력해서 얻은 성과를 보고 부모님이 기뻐하시면 저도 행복합니다. 하지만 부담스럽습니다. 만약에 제가 부모님의 기대를 채워주지 못하면 어떻게 될까 생각할 때마다 괴롭습니다. 부모님이 저를 위해 얼마나 고생하시는지 알기 때문에 뭐라고 말도 못하겠고, 속으로만 끙끙 앓는 중입니다.

부모님들이 자식에게 기대하는 마음이야 이해합니다. 하지만 우리나라에서 부모님들의 기대는 지나칩니다. 자식이 훌륭하게 자라길 바라는 마음이야 당연하지만, 지나친 기대로 인해 사랑하는 자식들이 얼마나 힘들어 하는지 모르는 부모님들이 참 많습니다.

자식에게 기대하지 않고 부모님들 스스로 자신들의 삶을 가꾸면 얼마나 좋을까요? 자식 걱정하고, 자식 앞날 밝혀주느라 뼈 빠지게 고생하지 말고, 그저 부모님의 삶을 충실히 사신다면 얼마나 좋을까요? 많은 심리학자들, 철학자들, 상담가들은 자식에게 가장 좋은 교육은 부모가 행복하게 사는 모습을 보여주는 것이라고 강조합니다.

부모 자신을 위해서나, 자식을 위해서나 자식에게 큰 기대 걸고 부담을 주기보다는 부모가 자기의 삶을 충실하게 사는 게 좋습니다. 그런 부모들이 늘어나야 기대감 때문에 부담스러워 하는 청소년들이 줄어들겠죠.

기대를 하는 부모들이 생각을 바꿔야 지나친 기대감 때문에 자녀가 고민하는 문제가 없어지겠죠. 그럼 부모님만 바뀌면 다 해결될까요? 기대를 하는 사람 말고, 기대를 받는 사람은 기대감과 관련해서 생각해 볼 문제가 전혀 없을까요? 장자는 바로 기대감을 받는 사람에 관한 얘기를 들려줍니다.

 열자가 제나라 임금을 만나기 위해 길을 떠났다. 가는 길에 어떤 일을 겪고 생각이 바뀌어 돌아오다가 스승을 만났다. 스승이 물었다.

"왜 돌아오느냐?"

"두려워서 돌아옵니다."

"뭐가 두려웠느냐?"

"제나라로 가는 길에 밥집에 들렀습니다. 밥집에 들를 때마다 주인들이 다른 손님은 뒤로 미루고 저에게 먼저 밥을 내주었습니다. 주인들이 저를 남달리 보았던 모양입니다. 앞에 노인이 있건, 병자가 있건 관계없이 저를 대우해주려는 걸 보고 부끄러웠습니다."

"무엇이 부끄러웠느냐?"

"제가 아직도 저 스스로 잘났다고 여기고, 어디 가면 대접받아야 한다고 기대하기 때문에 사람들이 저를 그리 대한 것 아니겠습니까? 밥집 주인도 제가 그런 기대를 하는 걸 알아보고 대우해주는데, 만약 임금이라면 어떻겠습니까? 더 심하게 절 대우해주고, 무언가 큰 성과를 만들어내길 바라겠지요. 그 순간 전 두려운 마음이 들었습니다."

"맞는 말이다. 잘 했다. 그러나 네가 대접받으려는 마음을 버리지 않으면 어딜 가나 너에게 기대하는 사람이 나타날 것이다."

열자는 제나라에 가는 길에 밥집에서 특별 대접을 받습니다. 보통 사람 같으면 기뻐하고, 좋아할 텐데 열자는 대접받는 게 부끄러웠습니다. 자신이 대접받으려는 마음이 강했기에 사람들이 대접한다고 판단했습니다. 나아가 임금이면 자신을 더 대접하고, 더 큰 기대를 할 거라는 데까지 생각이 미치자 두려웠습니다. 기대를 채우지 못하면 큰일이 날 테니까요.

부모님이 기대를 많이 하셔서 힘들다고 했죠? 뒤집어 생각해 봅시다. 그럼 나는 대접받고 싶은 마음, 칭찬 받고 싶은 마음, 남보다 우월하고 싶은 마음이 없나요? 분명히 있죠? 장자는 바로 그 마음이 기대를 불러온다고 말합니다. 기대가 단지 부모님에게서만 오지 않고, 내가 잘나 보이고 싶은 마음에서 생겨난다는 말입니다. 내가 스스로에게 뛰어나기를 바라지 않고, 평범함 속에서 행복을 찾기를 원한다면 나에게 기대하는 사람도 없을 거라는 말입니다.

기대가 부담스럽죠? 지나친 기대로 힘들죠? 그러면 일단 내가 대우받고 싶다는 마음부터 버리십시오. 평범함 속에서 행복하게 사는 길을 가겠노라고 결심하십시오. 누군가 나를 대우해주길 바라지 말고, 그저 나로 사는 생활에 만족하십시오. 그럼 자연스럽게 주위의 기대도 사라집니다.

그래도 부모님이 계속 기대한다면 어떻게 하냐고요? 그럼 이 책을 한 번 읽어보라고 권해보시기 바랍니다. 책을 읽고 혹 생각이 바뀌실지도 모르니까요.

33

장자를 접하고 나니 혼란스러워요

진리는 겉모습이 다를 뿐 어디든 있다 : 천하天下

지금까지 제 고민도 잘 해결하고, 장자철학도 잘 공부했습니다. 장자 공부를 하다 보니 기존의 상식이나 신념과 너무 달라 솔직히 당황했습니다. 맞는 말 같기도 하고, 틀린 말 같기도 했습니다. 멋진 말이긴 하지만 과연 실천이 가능할까 싶기도 했고요. 마지막으로 묻고 싶습니다. 장자철학이 정답인가요? 장자철학이 세상을 바라보는 올바른 관점이며, 삶이 나아갈 길을 밝혀주는 올바른 나침반일까요?

저는 장자를 만나고 참 행복했습니다. 그전까지 사고방식이 확(!) 깨지는 경험을 했습니다. 사람을 대할 때 조금 더 여유로워지고, 문제가 생길 때 다른 각도로 접근하는 눈이 생겼습니다. 물론 아직도 부족합니다. 장자가 말한 바를 제대로 깨우쳐서 실천하려면 얼마나 오래 걸릴지 모르겠습니다. 장자를 통해 배운 진리를 계속 새기면서 삶을 바꿔나가려고 노력하겠다고 다짐 또 다짐합니다.

아! 장자는 이런 다짐조차 잊으라 했지요.

저도 아직 한참 멀었습니다.

> 도(道)는 모든 곳에 있다. 다만 그 모습이 다를 뿐이다. 사람들은 도(道)의 다양한 모습을 보고 자신이 본 것만이 진리라고 주장하지만, 사실은 도의 한 면만을 봤을 뿐이다.

기독교와 가톨릭에서는 하느님은 어디에나 존재한다고 말합니다. 불교는 세상 모든 게 다 부처라고 말합니다. 장자는 도(道)가 세상 모든 곳에 있다고 합니다. 비슷하죠? 도(道)는 모든 곳에 존재합니다. 도(道)란 다른 말로 '세상의 근원', '삶의 진리'이기 때문이죠.

어렵게 생각하지 맙시다. 배움은 어디에서나 가능합니다. 어떤 조건, 어떤 상황에서도 진리는 담겨 있으므로 그걸 알아보고 깨우치면 됩니다. 배움의 눈을 감지 마십시오. 늘 배우겠다는 자세로 세상을 대하면 사는 순간마다 배움은 찾아옵니다.

진리는 세상에 가득합니다. 단지 우리가 발견하지 못했을 뿐!

장자, 책에서 나와 삶의 가치를 찾다

당나라 때 유종원이 쓴 〈종수곽탁타전〉에는 다음과 같은 얘기가 나옵니다.

나무장수인 곽서방은 등이 굽었다. 곽탁타는 장애인이나 나무를 정말 잘 가꾸기로 유명했다. 워낙 뛰어나게 나무를 가꾸었기에 유종원은 궁금하여 곽탁타를 불러 그 비결을 물었다.

"비결이랄 게 있습니까? 저는 그저 나무의 성질을 잘 살리는 방향으로 나무를 심고 가꿀 뿐입니다. 나무는 뿌리가 잘 퍼지고, 흙이 골고루 닿고, 옮겨심기 전에 붙어 있던 흙이 떨어지지 않고, 심은 뒤에는 충분히 다져주면 잘 자랍니다. 심은 뒤에는 다시는 건들지 않습니다. 스스로 자라게 내버려 두지요. 심을 때는 온갖 정성을 다 기울이지만 심은 뒤에는 가뭄이 들든 말든 알아서 생존하게 내버려 둡니다. 그러면 나무는 자기 본성에 맞게 저절로 자라납니다. 저는 나무가 잘 자라도록 도와주지도 않고, 방해하지도 않습니다.

그런데 다른 사람들은 나무를 잘못 심기도 하지만 심은 뒤에 지나치게 신경을 씁니다. 나무 상태가 어떤지 살피고, 흔들어보고, 물을 주고, 주변을 정리하기를 정신없이 반복합니다. 나무에 온갖 사랑을 다 쏟지요. 그러다 보니 나무가 오히려 제대로 자라지 못합니다. 지나친 사랑이 나무를 죽이는 것이지요."

곽탁타가 한 말을 듣고 유종원은 감탄했다.

"내가 나무 키우는 법을 물었는데 곽탁타는 사람 키우는 법을 알려주는구나."

〈종수곽탁타전〉에서 말한 교육원리가 바로 장자철학입니다. 곽탁타는 사람이든, 나무든 본성대로 자라게 내버려 두면 저절로 건강하게 자라는데 자꾸 간섭하기 때문에 제대로 자라지 못한다고 비판합니다. 본성을 찾아서, 본성대로 살게 하기, 이것이 장자철학의 교육원리입니다.

그러나 그것은 이론일 뿐이고, 현실은 다르다고 하는 분들이라면 덴마크나 핀란드 교육을 다룬 책을 읽어보십시오. 타고난 연스런 능력과 재능을 찾게 하고, 놀이를 통해 자기를 돌보며, 하고 싶은 걸 마음껏 하게 해주는 덴마크나 핀란드 교육은 장자 철학과 매우 비슷합니다. 당연하지만 덴마크와 핀란드의 10대들은 행복하게 성장하고, 교육을 통해 기르는 능력도 우리보다 훨씬 뛰어납니다. 행복을 잃고 지식만 가득 쌓은 우리의 10대들은 덴마크, 핀란드 10대들에 견주면 불쌍할 뿐 아니라 실력도 부족합니다.

본성을 가꾸고 길러주기는커녕 본성을 짓밟고, 억누르고, 세상의 기준대로 살라고 강요하는 우리나라 교육 현실이 언제쯤 바뀔까요? 과연 바뀌기는 할까요? 어른들이 억지로 강요하는 교육 속에서 희생되고, 상처받는 수많은 청소년들을 만날 때마다 가슴이 미어집니다.

장자철학이 책에 머물지 않고, 현실 교육에서 살아나는 그날을 기대합니다.

때맞춰 내리는 알맞은 비

時雨

'철학은 어렵다' 라는 고정관념이 사라진 것 같다

김호재(고1) _ 성남고등학교 1학년

항상 철학과 관련 된 책이나, 어려워 보이는 인문 소설책들은 꺼려하고 쉽고 재미있는 소설만 고집해서 이 책을 읽기 전부터도 상당한 거리감을 느꼈다. 하지만, 막상 책을 읽어보니 이해가 쉽고, 또 여러 가지 예시 상황을 들어 재밌게 읽을 수 있었다. 특히, 내가 생각하지도 못한 부분이나 늘 옳다고만 생각했던 것들이 고정관념이었다는 것을 깨닫는 순간 큰 충격이었다. 박기복 선생님은 고정관념을 하나하나 장자철학을 통해 반증해 주셨다.

예를 들어, 명예나 부를 얻어야 성공하고 행복하다는 것이 얼마나 큰 고정관념인지 장자의 말씀을 통해 알려주고 있다. 자신의 마음먹기에 따라 가난해도 주변 환경이 어려워도 행복할 수 있다는 것, 그리고 모든 만물은 각자의 개성에 따라 여러 갈래로 나뉘고 모든 만물은 똑같다는 만물제동 사상 등은 우리들의 상식을 뒤집는 내용이었다. 이 외에도 일상생활에서 겪는 어려움이나 주변 인간관계에서 빚어진 갈등 등, 살면서 한 번쯤은 겪어 볼만한 문제들을 속 시원히 조언해 주고 해결해주는 부분들도 재미있었다.

철학? 하면 항상 어렵게 생각되던 고정관념도 이 책 '철학 콘서트, 장자'를 통해 사라진 것 같다. 나중에 기회가 된다면 다른 동양 철학책들도 만나고 싶다.

아직은 내가 내려놓지 못하고 있구나를
깨닫게 해 준 책

오석정 _ 김호재 군의 엄마

책을 읽어가면서 '아직은 내가 내려놓지 못하고 있구나'라는 생각을 했습니다. 늘 말로는 아이들이 행복한 길로 간다면 그걸로 족한 거야 하면서, 속으로는 세상이 보는 성공의 잣대를 아이들에게 견주고 있다는 걸 느꼈네요.

책을 읽으면서 내가 뜨끔뜨끔해지는 이 마음이 세상사에 물들어 있는 생각들을 쉽게 바꾸지는 못하겠지만 조금 더 내려놓을 수 있겠다는 생각을 합니다.

아니 내려 놓는다라는 표현보다는 세상이 보는 행복이 아니고 내 아이가 생각하는 진정한 행복이 무엇인가를 다시 고민하고 생활할 수 있는 방향으로 나를 더 다져야겠다고 생각했습니다.

에필로그에서 말하듯이 정말 진정 아이의 본성을 들여다보고 재능대로 아이가 진정 즐기는 일을 함께 찾아 볼 수 있는 엄마가 되도록 더 마음공부를 해야겠습니다.

철학
콘서트,
장자